U0530962

张宝明 等著

Introduction to
Humanistic Semantics

人文语义学导论

商务印书馆
The Commercial Press

图书在版编目(CIP)数据

人文语义学导论 / 张宝明等著. -- 北京：商务印书馆, 2024. -- ISBN 978-7-100-24536-4

I. H030

中国国家版本馆 CIP 数据核字第 2024VM3948 号

权利保留，侵权必究。

人文语义学导论
张宝明 等著

商 务 印 书 馆 出 版
(北京王府井大街36号 邮政编码100710)
商 务 印 书 馆 发 行
北京顶佳世纪印刷有限公司印刷
ISBN 978-7-100-24536-4

2024 年 11 月第 1 版　　开本 880×1230　1/32
2024 年 11 月北京第 1 次印刷　印张 8 ⅜
定价：68.00 元

序：人文语义学缘起

人文语义学的缘起与其他学科一样，有着自己特定的时代背景。若问这个时代背景是什么最为闹心，真不知用怎样的语言可以表达。但是，这里我可以列举这个网络时代尤其是微信"自主"后的现象或说现状来旁注这一"历史"。"人过七十不上坟"有何讲究？"七十不留宿，八十不留食"是什么意思？这些疑问成了社会流行的大时代的大问题。诸如"眉薄如无不可交，目眼如凸必定夭""马看四蹄，人看四相""男无性如铁，女无性如麻""钓鱼穷三年，玩鸟毁一生"，不一而足的老祖宗遗训更是让人应接不暇。凡此种种，真让人感觉生活在陶渊明所说的"不足为外人道"的世道，人心亦如"寻向所志，遂迷，不复得路"的歧路之中。在时代风向像雨像雾又像风的日子里，每一个人都漂浮在这类"谶语"中，麻醉在毫无新意的陈词滥调中。被这类无厘头的搞笑操作所包围，而这样的时代语境也让我们这些从事人文学的同仁深感无能为力。

这里，我用了一个看似浅薄的词语——"搞笑"来阐述，本身就包裹着万般的无奈与无穷的困惑。当年查尔斯·狄更斯曾用"这是一个最好的时代，这是一个最坏的时代"来传达他所处的时代语境，今天很多的学者也曾借用这句话来复述自己的当代表达。但是我仿佛总觉得并不足以为之,也许"这是一个最搞笑的时代,也是一个最严肃的时代"才能向未来准确传递出这一个当下信息,不由想起马克思的那句话:"一切历史事实与人物都出现两次,第一次是悲剧,第二次是喜剧。"

尤其是在新冠病毒试图与人类并存且"试比高"的时代,似乎更加重了搞笑时代的"没名没姓"(过去看《新龙门客栈》时有这样一句台词:"为这没名没姓的年头干一杯")。在人类手忙脚乱的同时,人类的所谓的尊严也在最为严肃与最为搞笑的双重性中被击碎,甚至可以说是被打得落花流水。2021年秋,禁不住王中江先生的诱惑,竟斗胆答应前去他任职的北京大学人文高研院这一学术重镇做一次学术报告。当题目敲定后,如何将"生米"做成"熟饭"就成了那段时间缠绕我本人的一个大挑战。几经琢磨,"文化与文明:历史语义学视野下的人文救赎"就成了12月13日讲座海报上的标题。老实说,那次的讲座标题多少有点仓促出笼的味道。尽管关于"文化"与"文明"是我一直关心的一个重要的思想史语词命题,但"语义学"在我这里毕竟还只是一个初步的想法。

自从20世纪80年代开始,我一直耕作于"五四"研究领域,几十年的研究经历有经验更有困惑。不管是理解历史先贤,还是对话异域学者,语言的裂痕、语境的差异、心灵的隔膜等等,常常让语际之间的理解成为可望而不可即之事。如何理解历史先贤的心灵思想,如何与异域学者进行语际对话,如何才能真正触摸人文历史的脉动?这份困惑让我萌生了"回到语义学"的想法，并通过多年的学理思考兼与诸多同仁的讨论，开始了"人文语义学"的初步尝试。维特根斯坦（Ludwig Wittgenstein）曾说："想象一种语言就是想象一种生活方式。"这里维氏所阐释的"语言"与"生活方式"的关联性和同构性，与人文语义学的致思方式有着异曲同工之妙。人文语义学强调：一种生活方式就是一种语言，语言是人类认知生活并进行表述的方式和过程，每一种语言都包裹着一个特定民族与众不同的世界观。人文语义学探讨的不是语言学问题，而是以语言中的观念词为寻绎对象的文化与思想命题。我对"文化""文明"两个观念词的语义考释与观念辨析，不免带有试错与挑战的"吃螃蟹"意味。

好在我所在的人文社科高研院的同仁都非常积极并支持这一想法。这是一个充满热情而又具有人文关怀的团队。当时我还在纠结于"人文语义学"还是"语义人文学"的时候，闵祥鹏教授在听了这场讲座后别出心裁，在我不知情的情况下，将我的思路进一步延伸，贸然提出了"人文语义学"的概念。这还不算，他竟然以高研院的名义将一个长篇报告加表格一本正经地报到了学校。当这样一个有点"个人"行为的动作一出手，我算是没有退路了。学校主管部门问到我本人时，我也只能一本正经地认账。随后，我们高研院同仁紧急召开了一个讨论会，我甚至有点诚惶诚恐地自我勖勉道："用胡适当年那句话：'做了过河卒子，只能拼命向前。'"后来的一系列反应证明，祥鹏教授以及各位同仁的努力可谓功不唐捐。先是在学校校长张锁江院士主持的学位委员会通过了质询与评议，再后来得到了教育部回复与认定。2023年10月，教育部公布了一批二级学科和自主设置交叉学科名单，河南大学申请备案的交叉学科"人文语义学"名列其中。

一路走来，人文语义学得到了学界同仁的高度认可。2022年11月27日"'人文语义学'交叉学科建设暨《语境和语义》出版研讨会"如期举办。冯天瑜、王中江、孙江、李帆、陈红民、沈卫荣、欧阳哲生、周程、仲伟民、潘光哲、左玉河、杨华、马建标、李恭忠、王锐、褚金勇等同仁拨冗参加。会议主要围绕人文语义学学科建设展开了深层的讨论，会后《探索与争鸣》杂志社叶祝弟主编欣然同意开辟专栏对人文语义学给予支持，尤其是2023年第3期的"人文语义学"专栏的推出，揭开这一交叉学科的神秘面纱。千呼万唤始出来。应该说，没有各界同仁的鼎力相助，就没有这一"新文科"背景下人文话语研究路径的出台。

如实说来，人文语义学的呼之欲出还是在时代强音震动下发生的，这也是众所周知的所谓三大体系尤其是话语体系的说辞声中发出的声音。一方面，我们习惯了国际化的开放体系；另一方面，我们也深深感觉到了学术中国化或说本土化的倒逼。在众口一词的大气压下，学术研究何去何从的命题再度摆在我们面前。于是，一个既需要家国情怀做支撑，又需要国际胸怀做引导的学术旨趣挤压出了人类共同体的话语。这个话语从我们的研究看，首先是受到了"学衡派"的影响。就我个人从"新青年派"到"学衡派"的比较研究之学术道路来看，显然是一个以文本为依托的思想史路径，而且我个人向来认为思想史研究不同于社会史，也不同于哲学史。相对于前者，我更主张是精英思想的研究；对于后者，我更倾向于思想史研究开放性，也就是说，人文（思想史）学的研究是一个跨学科且具有交叉性的体系。进一步说，《新青年》与《学衡》乃是我们从事中国近现代思想史研究的基本抓手和支点。有了这么一个信念，我的思想史研究也就力主其人文性，因此也可以将其称作人文思想史。

具体到人文思想史的向度，我也有自己的思考：那就是以人类这一具有社会属性的精神或心态为轴心，在"学衡派"那里即"人事之律"。这个"律"不同于以自然现象为规律的自然科学，那是属于生物或心理的范畴的东西。恰恰在这里，我也在前人那里找到了证词或说根据。近水楼台的《学衡》针对《新青年》以"科学"（赛先生）为一切价值的尺度横扫一切的"现象"，于是就有"人事之律"与"物质之律"的对峙。这也是"学衡派"留下的最为珍贵的精神遗产，南京大学孙江教授领衔的"概念史"研究团队正是传承了这一文脉。在某种意义上，人文语义学之所以和他们的"学而衡之"同气相求，也是因为我们的思想向度与诉求不谋而合。如果我们将视角进一步延展，还可以在"语文学"意义上的文本理念中找到契合点。在这方面的研究，国内首倡且功夫最深的是清华大学沈卫荣教授领衔的团队。不言而喻，语文学显然是一个纯而又纯的人文学学科体系。它既有跨科学的闻达，又有自立门户（相对于自然科学）的纯粹。如果将这个关口前移，我们还会在18世纪意大利学者维柯（Giovanni Battista Vico）的《新科学》那里找到可寻踪的痕迹。维柯以"人类事务"为关切的语文学体系乃是人文学科自主体系得以奠基的柱石和里程碑。

当然，说到人文语义学，也不能忽视我曾参加2020年王中江先生在北京大学主办的"20世纪关键词研究"的小型会议。正是在那次会议上，我见到了国内学界研究关键词、概念史的学者方维规先生，他在与我的交谈中对英国学者雷蒙·威廉斯（Raymond Williams）《关键词：文化与社会的词汇》（*Keywords: A Vocabulary of Culture and Society*）的批评以及念念不忘"观念"与"概念"的追问让我大开眼界。一个不足20人的会议竟然引发了一个不小的学术热点，正是会议的交流、碰撞乃至质疑让我开始了对一个问题的思索：观念词。相对于关键词，观念词是一个相对陌生的学术术语。就我个人对这个学术术语的使用来看，首次出现是在2014年出版的专著《启蒙中国》里。当时我对其并没有详加说明，回忆当年的心境，我对有些词语始终抱着一种难以概括或命名的犹疑，譬如民主、科学，还有自由、平等、博爱等等一系列词汇。事实上，它们既是关键词，也是重要的概念，但我常常感到用关键词、概念等难以囊括其在一定的语境下的意义和价值，于是便忽发奇想乃至想当然地以"观念词"名之。现在想来，对于观念词不妨先做这样一个基本理解：观念词在某种意义上是一种多栖（共执）、立体（集成)、宏观(丰富)并影响一个时代乃至整个人类文明历史进程的"词汇",尽管有时它会同关键词、概念史的概念、当下社会中的流行热词交叉乃至重叠,但在根本上它还是有着自己的质的规定。它可以是一个字,也可以是一个短语乃至一句话:譬如"她"(新文化运动的创制)、"改造国民性"以及小平同志提出的"科学技术是第一生产力"等等。当下网上盛传的"长江黄河不会倒流"则是一个观念史最为典型的隐喻。德先生与赛先生既是研究新文化运动的关键词,也是20世纪乃至现在家喻户晓的观念词,更是概念史中不可或缺的"概念"。诸如自由、平等、博爱则是关键词。凡此种种,不一而足。

　　观念词的解读我们暂且打住。回到语义学这里,还要对这一概念做一个必要交代,那就是武汉大学冯天瑜先生领衔的"历史文化语义学"。应该说,这是一个有着独到理解的学科概念。冯先生通过对外来词、关键词以及中西日共执概念的挖潜,为学界提供了独有意义和价值的学术资源,开辟了一个新的学术生长点。有了这个铺垫,我们才有了向更深、更广领域的开拓与建构。应该说,无论是关键词研究、外来语研究还是概念史研究、观念史研究,抑或阅读史或记忆史,都离不开思想史的基本书写路径。有学者曾经将这些方法、路径命名为新文化史,其实不过是异曲同工的另一种说辞而已。这从孙江主编的"学衡尔雅文库"中将冯天瑜先生的《封建》作为首推就可以看出蛛丝马迹。对此,我们还可以从历史文化语义学与人文语义学的共执中寻觅出人文思想史的轨迹,那就是"天道"与

"人道"的元命题。说到天道与人道，中西文化的分殊点关键之处还在于合一还是分离。尽管"天壤"有别，但归根结底还是如何将"人"归"仁"的命题。"天何言哉？"孔老夫子的这一诘问道出了苍生天地的至简大道。

毋庸讳言，从天道到人道，从问题意识到问道意识，这是人文语义学的根本旨归。2023年"五四"前夕，在与褚金勇的对话中，我曾这样回答过这位青年学者提出的学术质询："过去，我们常说问题意识，其实还有一个更为根本的意识，那就是问道意识。人文与科学有别，这不单单是'知识'维度上的另类：人类的尊严、位格、灵魂都是其呵护、监护与守护的对象。问题意识是自然科学、社会科学与人文学科共执的支点，也是学术创新的基础和前提，但是问道意识是人文学科最为关键的执念或说诉求。我以为人文学科的高光境界应该是问道（意识）而不是问题（意识）本身。问题意识是人文学科的基本诉求，而问道意识才是人文的最高境界。今天，在同仁们执意为人文学科寻找存在感或说身份合法性的当口，或许将问道意识作为将学术乃至社会引领向'光明顶点'的摆渡跳板才是最为适切且清醒的选择。"其实，这是一个人文学科的基本命题，即是本然（或说释然）与应然的问题。在自然科学的世界里，解决"实然"问题算是抓住了根本，也可以说是万事大吉。但对人文学科而言，"实然"问题之意识只是前提与基础，或说是人文研究的第一步，至关重要或说举足轻重的一步还在这里——"应然"。这就是"问题"与"问道"的区别。当然，对人文学科来说，问题与问道不是截然两途，而是有机统一的，即是说要在问题分析和阐释的基础上顺理成章地生出"道"来，而不是断章取义、生搬硬套地"硬"挤出"道"来。

从天道到人道，从学科到问题，从问题到问道，人文学科路漫漫且修远。这，或许算是我们河南大学人文社科高研院同仁以人文语义学为"摆渡"的价值求索与意义诉求。

张宝明

河南大学人文社科高等研究院

2024 年 1 月

目 录

导论 人文语义学：一门关乎人类语际书写的知识体系 / 001
 第一节 人文语义学如何理解？/ 003
 第二节 人文语义学何以为学？/ 010
 第三节 人文语义学意欲何为？/ 015

第一章 人文语义学论纲 / 023
 第一节 语词选择：从"关键词"到"观念词" / 026
 第二节 学理支援：从"概念史"重回"观念史" / 031
 第三节 知识统绪：在学统、政统与道统之间 / 037
 第四节 学科路向：在问题意识与问道意识之间 / 042

第二章 人文语义学的思想源流与学科界定 / 049
 第一节 西方哲学的语言转向 / 052
 第二节 形式语义学的学术旨趣 / 060
 第三节 历史语义学的兴起与研究方式 / 062
 第四节 语义学的中国实践 / 067
 第五节 人文语义学的学科界定 / 070

第三章　人文语义学的研究方法 / 075
第一节　"语境"历史的考察 / 077
第二节　人文语义学的中国学术传统研究方法 / 092

第四章　人文语义学的研究理路与学科特性 / 101
第一节　人文语义学的研究理路 / 103
第二节　真实性：历史事实与文本真实 / 112
第三节　交互性：文本书写、语义解读与历史互动 / 121

第五章　人文语义学问题意识与致思路径 / 135
第一节　从历史到人文：语义学研究的问题意识转向 / 138
第二节　从语词到心灵：人文语义学的致思方式 / 142
第三节　从说明到理解：人文语义学的方法论阐释 / 147
第四节　从问学到问道：人文语义学的学术旨归 / 151

附录　人文语义学论著选介 / 157
主要参考文献 / 239

人文语义学：一门关乎人类语际书写的知识体系

导 论

语言的意义根植于语际交往之中，考察人类的语际书写也需要将其放置于日常生活的语际交往中来才能探察语词的意义和观念的空间。人类的语际书写与语际理解是需要打通语词、生活方式、文化观念的语义学命题。由此，我们倡导的人文语义学不仅是语言学问题，还是以语言中的观念词为寻绎对象的文化与思想命题；它不仅是科学问题，而且包含着对理性、情感、心灵、记忆等各种复杂元素的阐释与解读。这样的思路并非凭空而来，而是和我自己的研究困惑相关。自从20世纪80年代开始，我一直躬耕于思想史、人文学领域，几十年的思想史、人文学研究，有经验更有困惑。不管是理解历史先贤，还是对话异域学者，语言的裂痕、语境的差异、心灵的隔膜等，常常让语际之间的理解成为可望而不可即之事。如何理解历史先贤的心灵思想，如何与异域学者进行语际对话，如何才能真正触摸人文历史的脉动？这份困惑让我萌生了"回到语义学"的想法，并通过多年的学理思考兼与诸多同仁的讨论，形成了"人文语义学"的学科设想。

第一节 人文语义学如何理解？

人类社会对语义的阐释存在已久，只是今天我们同仁从学科建设的视角将其命名为人文语义学。早在人类文明启蒙的轴心时代，东西方的思想先哲们就展开了"名"与"实"、"词"

与"物"的论争。正是在此基础上,人文语义学重在考析语词及其包蕴的观念之生成与演化的规律。从历史的纵深和人文的广延双重角度加以理解,就我个人的认知,人文语义学是以关键词为依托,以观念词为寻绎对象,探寻从概念到观念之起源、演绎、衍变之"史"的一门学问。这里之所以将"史"加了个引号,意在说明其具有"学"的统摄与总括意蕴,期待以学理探索破除学科与学科间的壁垒、文化与文化间的隔膜。这里必须指出的是,尽管人文语义学离不开"史"的梳理,但就其学科意蕴而言,在"纵"之外,它还有一层"横"的意念,譬如来自不同文化、社群、族群与国家间空间差异而产生的歧义与流变等。

一、历史的纵深:语词的起源、演绎与衍变

自古以来,人类借助语词来表达自我、沟通他者,而人文的历史便沉淀于这些语词之中。《文心雕龙》有言曰:"夫文象列而结绳移,鸟迹明而书契作,斯乃言语之体貌,而文章之宅宇也。"① 人类先民在社会交往中发明语言文字,以词指物,以名代实,以形式表征意义,借助语言文字以参与对话和社交生活,但这也形成了词与物、名与实、形式和意义之间的语义张

---

① [南朝梁]刘勰著,李平、桑农导读:《文心雕龙导读》,安徽师范大学出版社2018年版,第200页。

力问题。从语言开始，进而归纳形成概念；再由概念出发，阐释事物之间的逻辑关系，人类思想与文明逐渐萌发。《公孙龙子·名实论》曰："审其名实，慎其所谓。"[1]详尽考察名实关系，慎重而准确地给事物命名，这反映了东西方名实之论与词物之辩在人类理解世界过程中的先导性与重要性。这甚至是轴心时代东西方先哲在阐释其思想时的逻辑起点，如中国老子的"道常无名"、孔子的"正名"、韩非子的"循名责实"，或古希腊"名实相应论""名由人定论"等。马克思曾说："语言和意识具有同样长久的历史；语言是一种实践的、既为别人存在并仅仅因此也为我自己存在的、现实的意识。语言也和意识一样，只是由于需要，由于和他人交往的迫切需要才产生的。""在哲学语言里，思想通过词的形式具有本身的内容"，"语言是思想的直接现实"。[2]作为一种历史现象，语言与不同历史时代的社会观念密不可分，随着时代的变化而变化，历朝历代的物象、人事和文化观念持续增加着语言的"文化含量"，改变着语词的"语义内涵"，并由此形塑着汉语的"语之魅、文之韵、道之源"。

近代以降，中国进入古今中外相冲撞相融合的语言加速转型期，虽然这种变化催生了现代汉语，但此中也蕴积着古今断

---

[1] ［战国］公孙龙著，吴毓江校释，吴兴宇标点：《公孙龙子校释》，上海古籍出版社 2001 年版，第 53 页。
[2] 中共中央马克思恩格斯列宁斯大林著作编译局译：《德意志意识形态》，载《马克思恩格斯全集》第三卷，人民出版社 1972 年版，第 34、525 页。

裂、中西误解、圈层隔膜等诸多语际书写与语际理解问题,一百年来这些问题并没有得到有效解决,并且有着每况愈下的趋势。解决这些问题,不仅需要重回语义学,更要回归基于人文语境的语义学。在构成语言的语音、语形、语义三要素中,语义的历史性和文化性最为深厚,又最富于变异性。语词所指向的语义与时偕变,其变化中隐含着价值的转移,在社会转型期表现得尤其显著和繁复。语词的意义并不完全是约定俗成的,而是经历了变化的过程、时代的变迁和历史的阻隔,后人置身的语境可能已完全不同于文本所置身的语境。同样一个语词,现代的意义和古代的意义或有着天壤之别。历史已逝,人已作古,但历史文化的变迁、思想观念的兴替和精神生命的体验,都已沉淀在语词、概念和话语表达之中。可以说,语词承载着中国近代历史中政治颉颃、思想冲撞、社会变迁的复杂内容。正因如此,陈寅恪提出:"凡解释一字即是作一部文化史。"① 研究这些语词的语义变迁就可以窥斑见豹,了解历史的一些真实面相。人文语义学便以探析语词的历史轨迹和思想文化蕴含为基旨,要求不仅探讨语词的原始语义,同时还关注语义在历史流变中所发生的变异,准确把握语义的内涵与外延及与之相关的文化观念,从历史纵深维度考察语际书写中"词与物""名与实"之间的对应关系。

---

① 沈兼士著,葛信益、启功整理:《沈兼士学术论文集》,中华书局1986年版,第202页。

二、人文的广延：地域、民族、国家之间的语际歧义

除了关注语义纵向的历史演变，人文语义学也在横向维度关注地域、民族、国家之间的语际沟通中的共识与歧义。《论语·尧曰》有言："不知言，无以知人也。"[1] 作为人类最重要的交际工具、族群文化传承的基石、国家社会建构的纽带，语言是不能脱离交际而存在的，然而语词在不同行业、阶层、地域、民族、国家的文化环境下产生了多元的意义，由此造成交际的过程中出现"一语多解"而无法达到相互理解的现象。正如《墨子·尚同上》所言："盖其语，人异义。是以一人则一义，二人则二义，十人则十义。其人兹众，其所谓义者亦兹众。"[2] 尽管墨子对此持批判态度，希望"一同天下之义"，但现代社会的理念让我们明白既要追求理想（"一同天下之义"），又要尊重现实（"其人兹众，其所谓义者亦兹众"）。在一国之内，不同的行业、阶层、年龄、地域、文化水平，这些"圈"和"层"都是一道道语义理解之墙，由此导致了层层叠叠的观念形态。鲁迅曾经说过："煤油大王那会知道北京检煤渣老婆子身受的酸辛，饥区的灾民，大约总不去种兰花，像阔人的老太爷一样，贾府上的焦大，也不爱林妹妹的。"[3] 而在不同的民族国家的跨

---

[1] ［南宋］朱熹集注，郭万金编校：《论语集注》，商务印书馆2015年版，第286页。
[2] 吴毓江撰，孙启治点校：《墨子校注》，中华书局1993年版，第109页。
[3] 鲁迅：《"硬译"与"文学的阶级性"》，《萌芽月刊》1930年第1卷第3期。

语际交流中，不同的文化语境造就的语言多义性更加凸显。例如"红色"一词在汉民族文化里象征"热烈向上、革命"之意，在英国民族文化里"red"一词象征"暴力、流血"之意。当然，语际书写中也会通过创造性翻译化解观念隔膜，增加语义的文化含量。如《魂断蓝桥》的原名为"Waterloo Bridge"，直译过来就是"滑铁卢桥"，只是故事发生地的名字而已，而"蓝桥"二字运用了中国古典文学中"尾生抱柱，至死方休"的爱情典故，这一隐含中国文化的意象能使观众一看到片名即刻领悟到爱情的聚合离散之义，语际书写中的文化意象重构可以及时有效推动语际理解，使观众或读者心领神会。可见，语际书写与语际理解是人类客观存在、主观心智、民族文化之交往的外在体现。

英国学者特里·伊格尔顿（Terry Eagleton）曾经指出："没有符号和价值，就不会有为人类所独有的活动。"[1]作为文化最为重要的负载者、阐释者和建构者，语言常常具有民族"图腾"的作用。正如德国语言学家洪堡特（Wilhelm von Humboldt）所指出："词不是事物本身的模印，而是事物在心灵中造成的图像的反映。……每一语言都包含着一个独特的世界观。"[2]不同的民族有着不同的语言"图腾"，不同的语词中包蕴着认知民

---

[1] 〔英〕特里·伊格尔顿：《论文化》，张舒语译，中信出版社2018年版，第12页。
[2] 〔德〕威廉·冯·洪堡特：《论人类语言结构的差异及其对人类精神发展的影响》，姚小平译，商务印书馆1997年版，第70页。

族文化的观念密码。人类社会从古代走向现代，经历着一个从独立分散到聚合交往的发展过程，伴随世界统一市场及世界文化的逐步形成，各个地域、民族、国家之间交往（包括物质交往、精神交往、语言交往）的广度与深度，有着空前规模的展开。如果"文明"强调共性、普遍性、普世性，那么"文化"则更强调特殊性、差异性、民族性。相对文明的"求同"，文化是一个"存异"的复数形态。词的意义与语言使用者的文化背景密切相关，在一种文化内部进行交流是可以的，但在跨地域、跨民族、跨国家的交流中，语言交际中的语义多元问题便凸显出来。对此，恩斯特·卡西尔（Ernst Cassirer）有着深切的体验："语言乃是一种功能，而并非一些被影响下的结果。……通过这些名相而表达出来的，乃是认识活动（Kennen-Lernen）的一特定的途径、方法和取向。"①他强调意义由每一个瞬间组成，而且每一个瞬间都不可能断裂或孤立。这就是对人文语义的确切表达。不同地域、民族、国家的交往势必带来语际书写和语际理解的歧义丛生，甚至造成了文化冲突、话语霸权等诸多问题。人文语义学则从横向维度考察不同地域、民族、国家的语际书写，在语义多元歧义中探察人文的广延。

因此，人文语义学在传统语义学探讨名实相符、词物相配的基础上，融入了横纵双重维度，不仅探求名实、词物的起源

---

① 〔德〕恩斯特·卡西尔：《人文科学的逻辑》，关之尹译，上海译文出版社2004年版，第24页。

演绎，分析名实不符、词物不符的文化语境与历史因素，而且考察词汇语际转换的语言分歧与社会影响。从研究理路而言，人文语义学融通文史哲多学科，既分析古今社会循名责实的哲学逻辑，也探讨外译观念词中因实寻名的语言逻辑，还要辩证地解读社会语境下诸多名实不符的历史逻辑。

第二节　人文语义学何以为学？

坦率而言，人文语义学现在还不是严格意义上的学科，而是一种超越学科门类和语言文化限制的研究问题的视野与方法，需要多学科多领域的学者协同互动、联手推进。人文语义学试图融通语言学、文学、逻辑学、阐释学等学科，聚焦于人类交际中不同语言之间的相互碰撞、交融、冲突和翻译的语际实践，以为人文研究寻找新的学术视域和理论框架。凡学不考其源流，不能通古今之变，不明其研思路径，也无从窥测未来之路。人文语义学何以成学，下面将从学科渊源和研思路径两方面展开考察。

一、学科渊源：在古今中西的知识坐标上

人文语义学有着很久远深厚的学术根脉。无论中国的训诂学还是西方的语文学，都为人文语义学的开展提供了思想资源。中国古代有一门专事梳理挖掘语词的源流演变的学问，用通俗的话解释词义谓之"训",用今语解释古词语谓之"诂",综合二者而名曰训诂学。中国古代的语言学传统(即训诂学)是"通经之学",语言研究的各个方面都与经典释义有着密切联系。在中国古人视野中,语言是治理天下、教化人伦的基础,反映着中国古人的文化知识结构,而语义的训诂与阐释成为古人体验生活、认知世界的重要方式。训诂学从先秦就已经开始了,战国末期的《尔雅》被认为是最早的训诂学著作,而训诂学的传统观念形成于唐代的孔颖达,清儒将这门解释古书中词语意义的学问发挥到极致,而国学大师黄侃则创立了训诂学的现代观念。黄侃先生云:"诂者,故也,即本来之谓。训者,顺也,即引申之谓。训诂者,即以语言解释语言之谓。若以此地之语释彼地之语,或以今时之语释昔时之语,虽属训诂之所有事,而非构成之原理。真正之训诂学,即以语言解释语言,初无时地之限域,且论其法式,明其义例,以求语言文字之系统与根源是也。"[1]作为中国传统研究古汉语词义的学科,训诂学在译解古汉语词义的同时,也分析古代书籍中的语法、修辞现象。西方的语文学(英文 philology,来自希腊语 philologia),其学问源于对言语、文本/文献和学问的热爱,包括修辞、语法和逻辑。此中,语形与语义的关系问题是西方语文学研究的核心问题,亚里士多德对语形与语义的探讨是从考察口语、文字

---

[1] 黄侃述,黄焯编:《文字声韵训诂笔记》,上海古籍出版社1983年版,第181页。

和心灵经验的关系入手,①后来学者如维柯、索绪尔（Ferdinand de Saussure）、洪堡特、伯克（Peter Burke）、尼采、伽达默尔（Hans-Georg Gadamer）、海德格尔、弗雷格（Friedrich Ludwig Gottlob Frege）、福柯（Michel Foucault）等从语言学、社会学、哲学等各个领域的不同角度拓展了语形与语义之间的关系问题。

语言是人类用于交际和思维的最为重要的符号系统，中国训诂学研究的"名"与"实"，西方语文学研究的"词"与"物"，都是围绕语形与语义问题展开。从古典到现代，从东方到西方，语义学在不同的时代有不同的担当，在不同的地域被赋予不同的意义，也为人文语义学的学科打造打下了深厚的理论基础。我们今天倡导"人文语义学"，希望承袭训诂学"辨章学术、考镜源流"的传统，吸收融通"修辞、文法、逻辑"的西方语文学理论，兼顾语义学研究的历史纵深和人文广延，探讨人类日常生活交往中的语际书写和语际理解问题。以"通经之学"的贯通理念，实现多语言观念词的汇通以及跨学科话语的统摄。而这种关乎人类语际书写的语义研究既然与"观念"发生关系，也就必然与历史及人文相交织，因为"观念"深藏在历史纵深与人文广延之中。就其范围或说外延而言，它主要是以人文学科为主体，同时与社会科学是近亲，还与自然科学门类有牵涉；就其内涵而言，对约定俗成或说频率较高的热词

---

① 亚里士多德说："口语是心灵经验的符号，而文字则是口语的符号。"参见〔古希腊〕亚里士多德：《范畴篇　解释篇》，方书春译，商务印书馆2003年版，第55页。

进行语境与语义的分析,在其"来龙"与"去脉"中找到适得其所的"名"与"实"、"词"与"物"配位乃是题中之义。从"纵"的意义上说,人文语义学和其他学科没有什么两样,以人文概念的语义史为根本;从"横"的维度说,它又要寻找到各个学科援引概念遣词造句时的差异和悬隔,尤其是因时空不同而引起的间隔与缝隙。进一步说,从方法论的视角看,人文语义学涵盖了概念史、观念史、记忆史;从研究对象看,文化史、思想史、社会史为其主要内容。当然,如上面说过的,一切的人文社科门类都会涉及或说离不开人文语义的参与和运作。

二、研思路径:在"语境"考察与"转义"钩沉之间

人是一种"语言动物",语言是在人类历史中形成的文化现象。人文语义学主要讲的是一种文化价值观下的阐释,不是侧重于工具理性,而是价值理性。陈寅恪"凡解释一字即是作一部文化史"的观点可以反映"人文语义学"的致思路径。人文语义学考察观念词的演绎历程,其意趣并不止于语词的考辨,还在于透过人类交际动态中的语词观测人文观念的交流、碰撞和转义的过程。在语际交往中,语言本身并不会导致沉默,而文化与思想以及由此而来的意识形态问题,如果没有人文语义学的介入,那么沉默的大多数会由此而来。还需要进一步指出的是,人文语义学讲的也不是文体问题。即是说,它关心的不是用什么语言书写以及用什么形式书写的问题,而是集中于语

境与语义的关系。换言之,可以称之为语际书写。这个概念来源于刘禾的翻译研究,①但在刘禾的研究中,"语际"主要指汉语与日语、英语等不同语言之间的交际,而在人文语义学视域下,"语际"不单包括跨语言的交往,也包括相同语言内部不同地域、阶层、群体的人际交往。中国有"三里不同风,十里不同俗"的俗谚,指的是哪怕距离很近,各地都有各地的风俗习惯。语言也因为风俗文化的不同而有着语义的差异。所以,即使在一国之内,因为地域的不同也会有着语言语义的差异。在语际交往中,语言之间透明的理解是不可能的,人与人之间知识背景、文化水平、社会阶层的差异导致以语言为媒介来进行透明的交流也是不可能的。语词不仅仅有理性意义,还包含个人在语词意义符号化过程中各种附带经验、体验或感受的综合。因此,语词中语形与语义的对应是历史地、人为地建构起来的,因此语言之间的"理解"必须作为一种历史的现象去理解和研究。

　　语词看似是明确的,但又是多义的、暧昧的。正如"文化"与"文明"的问题,文化多关乎价值观的问题,而文明则更多关注关乎实际的事。人文语义学关乎学科和复数、多元、相对的文化观念。人类在语际交际过程中,遭遇了未知的语词与观念,从而迫使自身对异质的语词观念进行吸收、理解,思维此时在熟悉的经验领域进行积极的类比性运作和转义化理解,力图通过赋予某种可理解的特质来掌握这个未知的世界。依据

---

① 刘禾:《语际书写:现代思想史写作批判纲要》,上海三联书店1999年版。

海登·怀特（Hayden White）的理论，一切原始民族所必用的表达方式，是通过"隐喻"（metaphor）、"替换"（synecdoche）、"转喻"（metonymy）、"暗讽"（irony）等形式对世界进行认知，其中每一种比喻指代的精神意义都是不同的，而"转义"是"一种从有关事物关联方式的一种观念向另外一种观念的运动，也是事物之间的一种关联，这种关联使得事物能够用一种语言来加以表达，同时又考虑到用其他方式来表达的可能性"①。这意味着转义具有某种思维移位的互动性运动，即一种由"此"观念向与其相互关联的"彼"观念的运动。这个过程经历了由"彼"及"此"，又由"此"到"彼"的反复过程，由此在语际书写中造成不同地域、民族和国家之文化观念的冲撞和融合。在这个语际之间"此"与"彼"关联性的话语转义中，人文语义学希望钩沉人类语际交往中语词的冲撞、融合和话语转义过程，提供一种唤醒语际书写和语际理解的视野、一种试图化解语际隔膜和观念紧张的方法、一种介入现实和历史的学术致思方式。

第三节 人文语义学意欲何为？

在人类的语际书写中，充满着知识、思想、观念的冲撞，

---

① 〔美〕海登·怀特：《话语的转义——文化批评文集》，董立河译，大象出版社、北京出版社2011年版，第3页。

造成了古今断裂、中西误解和圈层隔膜等问题。人文语义学研究，意在打破越来越精细的研究领域划分，将各人文学科的思考融会贯通，以观念词为抓手在各种接合部用力，透过相互间的区隔、纠缠与对话，挖掘其中蕴含的时代精神与文化变迁。同时，人文语义学通过对观念词的纵向钩沉、横向比较，理解语义所蕴含的真实和丰富的意义，将语言文字背后隐藏的多元文化观念揭示出来，使那些被误读、被扭曲的历史真相能够还原到最初的、本真的状态，为那些充满误解、冲突和矛盾的世界交往提供多元化理解的意义空间。

一、以观念词为切口：考察文化观念的复数形态

上面有言，人文语义学是以关键词为依托，寻绎从概念到观念之起源、演绎、衍变之"史"的一门学问。说到"观念词"，不能不联想到目前学术界出现频率较多的诸如关键词、概念（史）、记忆（史）等词汇。它们分别在英语、德语、法语世界占据举足轻重的地位。具体到"观念词"，它是俄罗斯语义场中的一个重要学术概念。在我们习惯的汉语学术圈里，包括诸如日本、韩国等亚洲国家，往往以"概念""术语""关键词"等作为语义学研究的切口。客观言之，人文以观念的形式进入人的心智世界，观念是语言世界图景的基本文化单位，而观念词则是用来承载某个语言文化共同体的核心文化观念的语词，也可称之为人文史关键词，它们是对某一具体文化来讲特别重

要、特别具有代表性的语词。以中国而论,这些观念词既包括中国古代思想史中"道""统""文""义""德""君子"等语词,也包括中国现代思想史中民主、自由、平等、公理、人道、人文等语词。当然,对民族国家内部观念词的研究只是人文语义学研究的上半场,而更重要的是通过考察梳理不同民族国家的观念词,以探讨不同语言之间观念词互译沟通的可能性空间。作为人文语义学研究的重要规划,观念词分析是拟构语言世界图景、研究民族心智特点、探求人类文明共识的重要方法。

在古今转换、中西碰撞相交织的语言大变局中,观念词处于意义网络中心或节点的位置,既有源于中西不同话语系统的语词支撑,同时也连接着政治、经济、文化、科技等领域的诸多语词/概念;既保留有中国古代思想文化序列的核心概念,也内蕴着中国现代思想文化系统的语词密码。说到观念词,我还想强调其与关键词、概念(史)的不同。当语词被注入了文化性或历史性内涵后,这个词就变成了概念,概念经过推广普及并意识形态化后就会变成观念。关键词是由于它在文本中的重要性,因此要拎出来加以阐释。概念也是因使用的需要而界定。相对于"观念","概念"显得更具体而微,我们可以把概念看作比观念更小的一个单元。如果把观念看作一种思想体系的话,那么概念就是一个个独立的单词。概念和关键词侧重点应该是在语意上,而人文语义学则是在语义上,与观念史有些大同的意味。这里尽管是一字之差,却有着不同的出发点和着力点。至于归宿点,它们都是异口同声、不谋而合的。不难理解，语义非常重视与语境的关系，同时又要找出其在不同环境、不同地域、不同文化之间的可能有的通约性。我们可以将莎士比亚视为己有，但不能视为己出。只有汤显祖可以让我们如此。同理，欧洲人也不会将《红楼梦》视为己出。但我们可以以一颗善感体贴的心灵去感受不同民族的文学作品，去体察不同语言文化中的观念词，唯有如此才能打开不同民族、国家之间相互理解的可能性空间。

二、以通约性为意旨：化解语际书写的观念紧张

西方学者伯克说，语言关乎表演（perfomance），而非传达（conveyance），①而人文语义学则是：它关乎传达和沟通，而非表演。人文语义学以观念词为切口，在历史纵深与人文广延的双重维度寻求语际书写的通约性、化解语际书写的观念紧张，以深入理解语际交往中所蕴含的复数的意义空间，进而探求对异域、他者、世界的多元化理解，寻求以一种宽容开明、自在和谐的语义表达来与这个充满了矛盾和冲突的语际书写的世界进行交流。作为一种世界观和生活方式，语言是人类认知生活、认知世界并进行表述的方式和过程。作为地域、民族、国家文化的表征，语言和观念是不可分割的整体。正缘于此，在语际

---

① 〔英〕特里·伊格尔顿:《论文化》，张舒语译，中信出版社 2018 年版，第 86 页。

交往中，人类借助可以融通的认知语境才能达成成功的语际理解。任何脱离文化环境的语言必定是支离破碎、片面和不完整的，而脱离认知语境的语际交往也容易造成歧义、误解乃至冲突。在一个多元化的时代和世界里，我们追求语际书写的通约性，但并不是把语际交往与话语转义理解为化多为一。世界文明应当是也只能是一个具有复数文化的命运共同体，这是一个方向性的问题，回顾费孝通先生所讲的"美美与共、各美其美"，我们对于世界文明的期待，每一个国家、民族、语言的存在都具有其无可替代的价值。我们研究人文语义学，要推进语际交往和语际理解，并不是消泯国家、民族、语言的多元存在，而是试图提炼出人性光芒的文明共识，以烛照不同的文化观念，提供可资借鉴的文明参照。

关于人文语义学的时代性或说意义，上面已经有所涉猎。在此我更想强调其真理属性，真实与理性构成人文语义学的两种基本性格。其真实性主要表现在语义内涵的通约性，世界上的语言具有多元性，但人性具有共通性，所以从真善美这类具有共识的人性出发，获取通约性，是化解语际书写观念紧张的重要路径。其理性主要表现在获取普遍知识的理论性，人文语义学研究不只是对语言、思想与社会观念的经验总结，也是在经验研究的同时，超越经验，获得普遍性知识或者达成共识性观念。从历史与现实的双重维度而言，语词表达的观念、知识与思想可能是真实与虚假、理性与感性、真理与谬论并存的，但其语义指向的本真是一致的，或者说从未改变过，这是多元思想与多元文明具有通约性的基础。人文语义学的求真与理性，即是通过探求观念词语义的本真，在真实与虚假、理性与感性、真理与谬论的语词建构中，理解多元世界的通约性，寻求个体与群体、阶层与社会、族群与国家等在思想差异、观念冲突与认知壁垒中的文化共识，消弭多元社会中成员认知模式和行为规范的分歧。

我们知道，对于人文学来说，一部人类文明史就是一部思想与语言、人道与非人道、文明与野蛮拧巴纠缠的历史。在今天，人文语义学之所以显得如此重要，来自文明作为文明社会之"人"的思考。人文语义学首字在"人"，而人都是在一定文化浸润下、充满人性的高级动物。人是文明的追求者与见证者，也是创造者与享受者。一部由人类不同文字记录下的文明史却时时为谎言下的残酷"文明"证词——野蛮——所打破。语义正在以非人道、非人性、非人文的形式与经典中的人文传统渐行渐远。目下的俄乌战争并没有因为列夫·托尔斯泰的《战争与和平》、肖洛霍夫的《静静的顿河》而将干戈化为玉帛。墨索里尼就在文艺复兴的故乡出生并长大。希特勒纳粹主义的上演更令歌德的文学、舒伯特的名曲蒙羞，正是法西斯分子对尼采等哲学的滥用，让我们说起文化的人性化时是那么的无力与苍白。有历史、有记忆，这是人类独一无二的特性。但是，单单有此是远远不够的，只有在认识自我的过程中兼具了反思、反省和忏悔的意识，人类才有更为广阔的提升空间，才能在复数的文化形态中提炼出具有共识的人性文明。人文的内核离不开文明的硬核，而文明的硬核也无非是文明耳熟能详的真善美。当大屠杀一再上演，文明以野蛮的形式再生，我们的人文呈现出一种无可奈何的屈尊与尴尬时，它势必以一种自洽或说求真与讲理的方式出现。如果说文化与文明有什么区别的话，那么文明就是人性化的文化。舍此，无以谈文明。

于是，诸位就看到了这一学科：人文语义学。当然，它自身携带的光环远不止这些。这里，我只是说出了它的时代性，其历史性不言而喻，其未来性则需要更多同仁的关心、关注与呵护。

人文语义学论纲

人文语义学的学科建构就是确立语词的基础地位，对包裹着层层人文观念的重要语词进行深入剖析和探究，它借鉴并突破传统的关键词研究，提出"以关键词为依托，以观念词为寻绎对象"的学术路径，借助观念史和概念史的学理资源，将语词观念置于学统、政统与道统的知识统绪中，通过深入梳理剖析观念词中的思想史与观念史命题，从语词视角出发思考人文如何存在、人文意义如何生成以及人文价值如何接续等诸多问题。人文语义学植根语词，聚焦观念，关注"一与多"的关系，它以问题为切口，以问道为目的，既尊重多元观念的客观存在，又有着协同化一的理念追求，旨在联通过去与现在，沟通自我与他者，实现自由理性下的平等对话、交流，以期在人文共同体的指归下走向未来。

在学术研究中，一种新的学科理念的提出会带来研究视野的改变。"人文语义学"这一学科理念的提出，便于将人文学、思想史、关键词等研究有机勾连在一起，它不仅形成了新的学术问题域，也带来学科理念的认知革新和人文学术机制的全新驱动。人文是人类语词表达留下的观念痕迹，语词文本是人文学的存在本体，承载并规定着人文意义的生成。人文学研究需要回到文本、回到语词才能更好地把握自我学科路向，而人文语义学的学科建构就是确立语词的基础地位，对包裹着层层人文观念的重要语词进行深入剖析和探究，从语词观念的视角思考人文如何存在、人文意义如何生成等基本问题，并提炼观念词研究如何可能的学术路径。关于人文语义学的学科基本设想，笔者已经在《人文语义学：一门关乎人类语际书写的知识体系》一文中做过简要阐述。① 当然，该文更多的是对该学科的蓝图规划，很多问题并没有来得及展开，而如何夯实学术地基以搭建出新文科框架，立起人文语义学的"四梁八柱"，为未来学科的细部装修谋篇布局，是本书需要解决的问题。以下将从语词选择、学理支援、知识统绪和学科路向四个方面讨论人文语义学的学科建设问题。

第一节　语词选择：从"关键词"到"观念词"

人文语义学以语言为抓手，但它不是或不仅仅是语言学问题，而是以观念词为寻绎对象的文化与思想命题："人文语义学以关键词为依托，以观念词为寻绎对象，阐释从概念到观念之起源、演绎、衍变之'史'的一门学问。"② 这里提出"以关键词为依托，以观念词为寻绎对象"的观点虽然只是一个设想，但基本上已经将这一学科交叉的定位说了大概。这就是观念词在这一新学科中的权重问题。"关键词"早已为学界熟知并广泛使用，但"观念词"是在何种意义上被提出的，在何种意义上反映了人文语义学的问题意识与学术关怀，又与关键词有着怎

---

①　张宝明：《人文语义学：一门关乎人类语际书写的知识体系》，《探索与争鸣》2023年第3期。

②　同上。

样的关联和差异；从关键词到观念词，这中间又会经过怎样的推演逻辑呢？这是我们将要关注的问题。

在探讨"观念词"之前，我们先梳理一下关键词研究的学术路径。自从2005年雷蒙·威廉斯的《关键词：文化与社会的词汇》中译本出版以后，中国的关键词研究或者以关键词命名的文章和著作如雨后春笋般出现。不管是文学理论还是思想史，抑或其他的人文学科，都开始编写关键词一类的书籍。陶东风主编的"文化研究关键词丛书"《意识形态》《现代性》《文化研究》《互文性》《文化与文明》等，李建中主编的"中国文化元典关键词研究丛书"《儒家元典关键词研究》《道家元典关键词研究》《墨家元典关键词研究》《兵家元典关键词研究》等陆续推向市场，此外单本出版的关键词著作如赵一凡等主编的《西方文论关键词》、王晓路等著《文化批评关键词研究》和周宪编著的《文化研究关键词》等也在学术场域竞相斗艳。近年来，王中江等主编的《语境和语义：近代中国思想世界的关键词》和孙江主编的旨在梳理"影响现代中国政治—社会的100个关键概念"的"学衡尔雅文库"①，也都有着关键词研究的浓烈旨趣。

关键词是在多个学科领域被频繁使用，而且始终处于问题中枢的基本单位和具有结构性意义的词语。面对纷繁复杂的

---

① 孙江主编的"学衡尔雅文库"第一辑七种图书已于2023年由江苏人民出版社出版，分别为《人种》（孙江）、《封建》（冯天瑜）、《法治》（李晓东）、《国语》（王东杰）、《国民性》（李冬木）、《科学》（沈国威）、《功利主义》（李青）。

知识谱系，如何驾驭众多的文本材料以把握各自学科的硬核问题，精心挑选关键词进行深入剖析研究便是一个必须且可行的路径。可以说，《关键词：文化与社会的词汇》不但开启了关键词研究的热潮，也为关键词研究奠定了学术范式：关键词的著述往往借助辞书的形式，甚至会按照字母顺序排列词语，但它既不是辞典，也不是特殊学科的术语汇编，威廉斯认为它应该是"一种记录、质询、探讨与呈现词义问题的方法"①。这种研究路径不但开启了编撰关键词的热潮，也打造了一种特殊的研究范式。应该说，以"辞书"这一别出心裁的形式来建构出一套开放多元的理论话语体系，这不但为学科的生长点找到了契机，也为交叉学科的开疆拓土找到了支点。与此同时也应看到，关键词研究试图对"关键"概念进行标准化处理，实际上存在着把复杂而丰富的意义简单化的问题，语词的意涵在使用中呈现、演变，如果把"关键词"固化为"辞典中的词条"，无异于将语词封进水晶棺，让人不由想起胡适在文白之争中的"死""活"之喻。由此，在中国大行其道的词典式的、去语境化的关键词研究，在给学界带来繁荣的同时也带来种种隐忧。正是基于这一问题，我们才有了依托关键词的理性意涵之辞典式研究。

应该看到，观念词的提出是对关键词与生俱来之隐忧的弥

---

① 〔英〕雷蒙·威廉斯：《关键词：文化与社会的词汇》，刘建基译，生活·读书·新知三联书店2016年版，第29页。

补与深化。如果说关键词强调的是一个知识命题题中位置的重要性,那么观念词强调的则是这个词语本身所包裹的错综复杂的人文意涵。观念词强调每个词语里面都包含着一定的话语议题或者反映着一定的思想观念,其宗旨在于通过语词研究来探讨语言的丰富性和观念的复杂性。一个语词刚刚发明的时候是单纯的,但当语词在不断使用中吸纳了政治、经济、文化、社会等不同领域的意涵后,便成为观念词。可以说,一个语词使用的人越多、范围越广、语境越复杂,其人文含义就越丰富。《周易·系辞上》:"一阴一阳之谓道。继之者善也,成之者性也。仁者见之谓之仁,知者见之谓之知。"[①] 对同一个语词"见仁见知"是普遍现象,而一个语词之所以能够成为观念词,必须要经历"见仁见知"的过程和考验。关键词研究试图确定一个语词明确的内涵外延,而观念词却不再停留于语词内涵外延的边界确定,而是旨在挖掘不同的人使用该语词时其指称和内涵的多元差异。比如"自由",在人文社会科学领域内是一个"关键词",但在不同国家、族群中其内涵不一样,在不同学科中其内涵也有差异。约翰·格雷(John Gray)提出"自由主义的两张面孔"[②],但"自由"岂止两张面孔,实际上它有无数面孔。由此可见,"观念词"在被不同时代不同国族的不同人群使用中,储存了丰富的人文表达印记,也蕴含大量的人文思想意

---

① 周振甫译注:《周易译注》,中华书局2013年版,第248页。
② 〔英〕约翰·格雷:《自由主义的两张面孔》,顾爱彬、李瑞华译,江苏人民出版社2002年版。

涵。再如"现代性"这一观念从始作俑者到现在,由两副、三副到"五副面孔"而不断刷新,以至于后来有了"混沌的现代性"等"剪不断、理还乱"的面相。①观念词研究就是要揭示多元与深层的社会经验,呈现出一个语词的复数形态并解释其原因。

索绪尔认为:"语言是一种表达观念的符号系统。"②思想不能脱离语词而存在,语词在表达使用中也平添了思想性。当然,语词的思想或者说意义并非自然天成的,"语词"意义的复杂性主要取决于它被使用的状况。"观念词"通过对"经验与意义"的历史分析来发掘语词观念的生成演变过程。只有当"语词"在被表述的历史脉络中所扮演的角色被发掘,形成一个彼此应和、互文参照的思想场域,"语词"及其在历史脉络中的"意义"才能够被充分描述。正是因为观念词研究本质上是研究语词观念的复杂性,所以普通名词、普通术语、普通概念等不能也无法进行"观念词"研究,易言之,观念词研究中的语词是需要精心选择的。中国古代的文化观念词,创生于先秦时期的五经和诸子,仁、义、礼、智、信、道、君子等语词处于古代人文意义网络中心或节点的位置,保留着古代思想文化序列的核心概念;而晚清民初的新名词,诸如民主、科学、共和、法

---

① 〔美〕马泰·卡林内斯库:《现代性的五副面孔》,顾爱彬、李瑞华译,商务印书馆 2002 年版;张光芒:《混沌的现代性》,人民文学出版社 2007 年版。

② 〔瑞〕费尔迪南·德·索绪尔:《普通语言学教程》,高名凯译,商务印书馆 1980 年版,第 37 页。

治、人民、经济等，经过一百多年的应用、推广，已经沉淀为人们日常生活中的语言表达，内蕴着中国现代思想文化系统的语词密码。这些观念词凝聚着丰富的历史文化信息，反映和塑造了那个时代的社会历史文化，深刻而微妙地影响着中国人的思维方式和价值观念的变化。因此，不能按照关键词"词条"的方式研究观念词，也不能把观念词研究变成加强版的"名词解释"，而应该在人文观念的层面上研究语词的丰富性与复杂性，这其实正是观念词研究具有广阔前景的原因所在。在笔者最近读到的关于这方面的讨论中，一篇从"观念"与"思想"的视角探讨"义"之范畴的文章可以算作具有典型意义的观念寻绎之作。① 就此而言，我们寻绎的观念词乃是对人文意涵的复调式研究。

第二节 学理支援：从"概念史"重回"观念史"

任何一项研究工作都不可能"前无古人"。人文语义学也是在前辈学人研究的基础上提出的学科设想。作为一门新建构的学科，人文语义学不可能将自我谱系的打造孤立于其他学科之外，在建构阐释人文语义学的过程中，概念史、观念史等研

---

① 桓占伟：《在观念与思想之间：论先秦义范畴之生成》，社会科学文献出版社2017年版。

究成果无疑将成为潜移默化的"支援意识"。① 概念史与观念史在学界已经不是陌生语词，但关于概念大还是观念大的争论一直存在，概念史研究和观念史研究也有着学术理念上的紧张。不过，正是它们之间的张力为人文语义学研究提供了可资借鉴的意义资源。

首先，这一科学范式的语词阐释可以从概念史体系的建构中得以借鉴。历史地看，概念史是在批评对抗观念史研究的过程中建构起来的。观念史的代表人物是阿瑟·O. 洛夫乔伊（Arthur O. Lovejoy）。洛夫乔伊长期致力于观念史研究，不仅使观念史有了自己的研究对象，而且逐渐形成了一套自己的研究理论和方法。观念史的研究不像以往那样只是简单地追踪思想体系的哲学史研究，而是聚焦于"单元—观念"（unit-ideas）。洛夫乔伊认为观念史研究的就是这些西方思想传统中经久不变的、被人们继承下来的基本观念，他主张分离出某些构成复杂信条和理论学说的具有普遍意义的"单元—观念"，考察它们的产生和发展过程以及如何被重组进各种思想系统中。观念史家注重的并不是思想家在具体历史处境下所面临的问题及其针对

---

① 博兰霓的知识论认为，人的创造来源于两种意识，即"集中意识"和"支援意识"。"集中意识"是指我们在思想的时候总是有一个集中的兴趣或意图；"支援意识"是指我们在思想的时候，都受我们在潜移默化中所受教育的影响。人的创造活动是这两种意识相互激荡的过程。参见〔美〕林毓生：《中国意识的危机——"五四"时期激烈的反传统主义》，穆善培译，贵州人民出版社1988年版。

具体问题所进行的思考，而是将注意力集中于他们就某一"单元—观念"以及政治社会生活中的那些"永恒问题"都说了些什么。[①] 在洛夫乔伊等学者的推动下，观念史发展成为一门学科，美国很多大学都相继开设了观念史课程，制定了教学大纲和教材，观念史研究随之兴盛起来，占据了思想史研究领域的主导地位。但是这种观念史研究，忽视具体的社会条件或知识语境，仅仅考察那些经得住时间考验的基本观念，关注的只是某种思想成分是否出现在思想家的思想体系中，以及它以何种方式存在于其中，概念史由此兴起。

"概念史"认为历史沉淀于特定概念并凭借概念成为历史，其关注的是"概念"在意义生成中的历史过程，以及概念演化何以成为历史变迁的"晴雨表"。其兴起是针对洛夫乔伊"观念史"研究的一种历史反拨，"观念"在洛夫乔伊的"观念史"中被视为历久不变的"常数"，因此缺少历史的纵深与社会的广延。而"概念史"强调恢复"概念"的历史性与社会性的嵌入意义，探讨特定语言在特定时空语境下的应用。"概念史"这个术语最早的提出者是黑格尔，但不为当时人注意，直至20世纪后半期伴随《概念史丛刊》的创办和概念史巨著《哲学历史辞典》13卷、《历史的基本概念：德国政治和社会语言历史辞典》8卷、《法国政治／社会基本概念工具书》8卷的出版，才

[①] 〔美〕阿瑟·O.洛夫乔伊：《存在巨链——对一个观念的历史的研究》，张传有、高秉江译，商务印书馆2015年版，第5—6页。

成为有影响力的学科领域。① 在西方，概念史是指研究某个概念的生成发展变化的历史，该领域代表人物科塞雷克（Reinhart Koselleck）提出遴选历史概念的四个范畴标准："时间化""民主化""意识形态化""政治化"。② 概念史舶来中国以后，国内学者继承并修正了科塞雷克的范畴标准，提出了"规范化""通俗化""政治化""衍生化"四个新的范畴标准，③并且将概念史主要用于研究西方近代概念在中国被接受和普及的历史。例如，冯天瑜详细梳理了"封建""中国""科学""民主""革命"等概念；④方维规深入讨论了"文明""文化""民族""政党""经济"等重要概念在近代中国的演变；⑤而黄兴涛、李里峰等讨论了"中华民族""现代化""群众""阶级"等概念。⑥ 这些研究都借鉴了西方的概念史方法，考证了西方近代概念在中国被接

---

① 方维规：《什么是概念史》，生活·读书·新知三联书店 2020 年版，第 23—24 页。
② 同上注，第 169—170 页。
③ 孙江：《概念史研究的中国转向》，《学术月刊》2018 年第 10 期。
④ 冯天瑜、聂长顺：《三十个关键词的文化史》，中国社会科学出版社 2021 年版。
⑤ 方维规：《概念的历史分量》，北京大学出版社 2019 年版。
⑥ 黄兴涛：《现代"中华民族"观念形成的历史考察》，《浙江社会科学》2002 年第 1 期；黄兴涛、陈鹏：《民国时期"现代化"概念的流播、认知与运用》，《历史研究》2018 年第 6 期；李里峰：《"群众"的面孔——基于近代中国情境的概念史考察》，载《新史学（第七卷）：20 世纪中国革命的再阐释》，中华书局 2013 年版；李里峰：《马克思"阶级"概念的多重构造——一个问题式的反思》，《清华社会科学》2022 年第 1 期。

受和普及的历史。

其次，人文范式的语词阐释还可以从观念史那里找到支援。概念史是在反对观念史的过程中建构的，但现在人文语义学倡导重新回归观念史。之所以重回观念史，乃是因为不满于概念史在研究中偏执于理性、逻辑的周延性，而忽视了语言表达本身的模糊性与情理交融。概念是理性的、逻辑的，而观念则是理性与情感交融的多重表达。洛夫乔伊的观念史抓住了"观念"但又将其僵化为"经久不变的、被人们继承下来"的常数，①而真正的观念是一个因时代、地域、民族、圈层而不断变化的"变数"。人文语义学倡导重回观念史，在于摒弃洛夫乔伊传统观念史研究的僵化教条，期待概念史理性至上的逻辑能够软着陆。英文里"concept"有概念和观念两个含义。在汉语语义场中，相较于"概念"，"观念"一词往往用来描述更大范围的思想单元。当一个概念在传播过程中被灌注社会性、政治性或历史性等内涵，它才由概念层面的语词变成观念层面的语词。在近代中国，自由、民主、科学、公理等语词是以概念化的方式译介的，但这些概念在推广使用中不断与中国人既有的观念相遇，在不断的中西博弈、古今转义中，形成包裹着层层观念的语词。由此可以说，概念（词）是明确的、理性的，而观念（词）则是更为立体的、情理交汇的。人文语义学倡导重

---

① 〔美〕阿瑟·O.洛夫乔伊：《存在巨链——对一个观念的历史的研究》，张传有、高秉江译，商务印书馆2015年版，第9页。

回观念史，在于关注包裹着层层观念的语词，拆解语词中层层叠叠的观念，以处理"一与多"的关系，既尊重多元观念的客观存在，又要有着协同化一的理念诉求。

人文语义学倡导重回观念史是要再现观念在多元主体之间冲撞建构又不断重构的动态过程。观念史与概念史以及关键词最大的不同就是它是一个复合性的用语。这个复合性是说，在肯定历史以及其他人文学科的个性、单数与特殊性之外，就某一个"类"（族、群）而言，它讲求的是综合、复数与抽象，是集合式、立体式、抽象的总体观念的综合，进一步说，它不但是某一个民族的、地域的、集体的抑或社会的概括与升华，还是另一个"他者"的总结与综合。这也就是我们所说的人文语义学的根本是对多种历史的、文化的深层心理结构的梳理与盘点。在这一意义上说，人文语义学是基于对历史的、文化的深层心理结构的梳理与盘点。其目的是从不同国家、民族、地区的语词观念出发，寻找到惠泽天下的"人类共同体"的语义。由此，洛夫乔伊给出的论述确有镜鉴意义："在处理各种哲学学说的历史时，它按照自己的目的，把它分割成固定的独立体系，并且把它们分解成它们的组成部分，即分解成可称为单元—观念的东西。任何哲学家或哲学学派的学说，它们在总体上几乎总是一个复杂的和不同来源的聚集体，并且常常是以哲学家自己并未意识到的各种方式聚集在一起。它不单是一个混合物，而且是一个不牢固的混合物，尽管一代跟着一代，每一个新的哲学家通常都忘记掉了这个令人伤感的真理。"① 其实不只是在哲学那里，在思想史尤其是人文语义学等学科那里，我们都能够真切感受到这一点。

第三节　知识统绪：在学统、政统与道统之间

人文语义学不但要借鉴西方的理论资源，也要依托中国绵延千年而不绝的知识统绪。如果说西方的概念史、观念史为人文语义学研究提供了理论和方法，那么中国的知识统绪则是人文语义学赖以存在的义脉与学统。在中国古人看来，语言、学术与政教兴废有着密切关系，学统、政统与道统相互制衡，正所谓：学不正则道不明，道不明则政不彰。不管是古代中国以"雅言"为尚的语言传统还是近代中国以"白话"为尚的语言变革，都关涉到语言与政治的互动，关涉到学统、政统与道统互动下的知识统绪建构问题。

如果我们将关口前移，语义学意义上的人文史可以追溯到学统与政统的持久紧张。中国古代人文史经历两千多年的发展，在自我表达方面形成了诸如道、仁、义、礼、君子等大量的语词观念。中国古代文人善于提出并运用语词观念表达他们对人

---

① 〔美〕阿瑟·O.洛夫乔伊：《存在巨链——对一个观念的历史的研究》，张传有、高秉江译，商务印书馆 2015 年版，第 5—6 页。

文学的理论思考。这些内蕴丰富的语词观念，一旦被提出并被接受、传播，也就参与到了知识统绪的建构之中，它们构成了一个看似杂乱实则有机联系的话语体系，以多元形态存在于古代人文知识统绪之中。元典性是人文语义学的理论预设或说观念。中国后世的思想文本无不肇始于《诗经》《尚书》《礼记》《周易》《春秋》《论语》《老子》等中华文化元典，作为先民智慧的结晶、后人思想运行的基轴和腾跃的起跳板，文化元典具有辐射万代、历久弥新的价值，从元典中生发出的精神密码经百世而犹贯穿于后世思想家的语词概念之中。正如司马迁所言："学者载籍极博，犹考信于六艺。"[①]"考信"背后蕴含着古人对历史研究次序的理解，只有放置于知识的统绪中经过严密考订的，才经得住历史的考验。而人文语义学倡导的观念词研究也只有置于源远流长的知识统绪中，才能挖掘出其真正的思想意涵。

中国传统文化有一个一脉相承的统系和结构，即以道统为核心，道统可以统摄政统、学统等，以相辅相成、相维互济的方式发挥作用，贯穿到人类的日常生活之中。在语言读写领域，学统、道统与政统的相维互济尤为突出。刘勰在《文心雕龙》中说："道沿圣以垂文，圣因文而明道，旁通而无滞，日用而不匮。《易》曰：'鼓天下之动者存乎辞。'辞之所以能鼓天下者，

[①] ［汉］司马迁撰，［南朝宋］裴骃集解，［唐］司马贞索隐，［唐］张守节正义：《史记》，卷61《伯夷列传第一》，中华书局1982年版，第2121页。

乃道之文也。"①而人文的历史沉淀于人类的语言表达（辞）之中，它纵向可以联通过去—现代—未来，横向可以沟通学统—政统—道统。在学统—政统—道统三者之中，学统是柔性的统绪力量，而政统是刚性的统绪力量，它们都受到道统的制约。在学统—政统—道统三者之中，道是价值观念，学是知识体系，政是政治形态，而统则是贯穿连续的意思。不管是古代的"仁""义""礼""智""信"，还是现代的"自由""民主""科学""公理"，这些观念词中都体现着形而上的"道"，同时传递出官方的诉求与民间的关切。学界在探讨思想史关键词时往往注重学统，注重知识精英在语词观念形成中发挥的作用，但现实中的语言规划与思想政策都关涉到学统与政统的互动。想要细致地勾勒语言变革的幽微曲折，解密观念表达的语词密码，我们必须突破单纯的知识精英叙事史路径，不仅要梳理分析民间知识精英的带有宣言和理论性质的文献，更要挖掘剖析官方权威发布的语言政策、教育条令等文件。国家社会科学基金重点项目"民间与官方互济视野下近代白话书写研究"（项目编号：17AZS002）就是兼顾学统与政统的一项学术实践。

考掘人文语义学的知识谱系，这是一个关乎古今、中西的命题。事实上，无论古今中西，知识统绪的关键都离不开转型时期尤其是加速转型期的语词表达。西方学者科塞雷克关注历

---

① ［南朝梁］刘勰著，李平、桑农导读：《文心雕龙导读》，安徽师范大学出版社 2018 年版，第 4 页。

史的"鞍型期",中国近代学者梁启超提出"过渡时代",而当代学者张灏提出"转型时代",虽然说法不同,但他们都认识到历史转型期包含着动态丰富的语义信息。①纵观中国历史,不管是"殷周之变"②"唐宋转型"③,还是清末民初的现代转型,在转型时期的语词表达流布着人类社会价值观和世界观的转变状态,既保留有转型前思想文化序列的核心概念,也内蕴着转型后思想文化系统的语词密码。因此,人文语义学对语词含义的考掘首先强调在传统与现代之间。作为语言学的分支,"语义学"是指对语言中的意义的研究,④伴随思想史研究的语言学转向,语义学被引申到历史研究领域,注重对特定词语之具体历史的分析,并视之为分析思想史的出发点,形成了历史语义学的理论方法。受到历史语义学的影响,学界对语词的阐释往往

---

① 在《历史的基本概念:德国政治和社会语言辞典》主编科塞雷克看来,社会转型时期的重要概念和基本概念,既是对社会的历史现实之语言反映,可以充当认知变化中的社会结构的"指示器",也参与了对社会的建构和影响,即成为历史发展的"推助器"。参见陈建守:《语言转向与社会史:科塞雷克的概念史研究》,《历史教学问题》2013年第3期。

② 王国维先生曾指出:"中国政治与文化之变革,莫剧于殷、周之际。"参见王国维:《观堂集林》,河北教育出版社2001年版,第287页。

③ 日本学者内藤湖南最早提出"唐宋变革论":"中国中世和近世的大转变出现在唐宋之际","唐代和宋代在文化的性质上有显著差异,唐代是中世的结束,而宋代则是近世的开始"。参见〔日〕内藤湖南:《概括的唐宋时代观》,载刘俊文主编:《日本学者研究中国史论著选译》第1卷,中华书局1992年版。

④ 〔英〕杰弗里·利奇:《语义学》,李瑞华等译,上海外语教育出版社1987年版。

满足于概念的内涵挖掘和外延界定。而人文语义学以关键词为依托，以观念词为寻绎对象，阐释从概念到观念之起源、演绎、衍变，以深入理解语际交往中所蕴含的复数的意义空间，进而触摸语词表达背后的文脉与学统。

汉语经历了数千年的发展，经过"殷周之变""唐宋转型""五四文学革命"，不仅其内部要素即语音、词汇、语法发生了变化，它反映的外部事物如典章制度、风俗习惯等也发生了重大变革。相较于古代中国的社会转型，中国近代面对更复杂的社会情势。晚清以降，新旧知识分子在语词表达中都面临古今转换、中西碰撞相交织的语言大变局，很多新语词诸如"自由""民主""科学""公理""文艺复兴"等，其译名的选择、意涵的确定都有着观念博弈的痕迹。[1]这些新语词既有西方的语言文化背景，又有着中国传统的语义元素，在中西古今的对抗博弈中获得新的观念意涵。可以说，从古代汉语到现代汉语，中国人的语词表达是在古今中西的坐标上建构新的知识统绪，此中不单单包含着文言与白话的变革、繁体与简体的转换，更有欧化与本土的博弈、本义与转义的联动。因此，爬梳这些观念词的源流需要在传统与现代、中国与西方的多维视野下提炼，需要在学统、政统和道统的颉颃互动框架下钩沉。当然，人文语义学归根结底不是梳理、确证道统、学统、政统的

---

[1] 褚金勇：《"复兴"抑或"再生"：五四语义场中"Renaissance"译名选择的观念博弈》，载《人文》第9辑，中国社会科学出版社2023年版。

精神统绪,而是以此为主脉去探讨思想与文化问题,它以"观念词"为抓手来观测中国道统、学统、政统协同互动中的语言实践,在古今中西的坐标系中探讨人文观念传承与断裂、移植与创生的内在密码,进而实现"由字以通其词,由词以通其道"的研究目标。

第四节 学科路向:在问题意识与问道意识之间

前文阐述了人文语义学何以沟通学统、政统与道统的问题,中国古人做学问常常要思考或探索具体问题背后的"道"。人文语义学的学问之道也是笔者一直思考的问题。由此我提出人文学术研究中的问题意识与问道意识的颉颃,如果说问题意识解决的是"从哪里来"的问题,确定人文语义学研究的学术方位,那么问道意识思考的是"到哪里去"的问题,强调的是人文语义学的学术旨向。

这里,我们首先关注的是以问题意识为切口的学术再出发。众所周知,问题意识是人在认知过程中经常会遇到一些不明白的问题或者现象,并且通常会产生疑问、意欲探求的心理状态。这或许就是严复所说的"持果求因"。人文语义学的问题切入点,是今天广泛存在的"古今断裂""中西误解""圈层隔膜"。从纵的方面看就是古今断裂,现代人如何读懂古人、理解古人,语词的更替、语义的变化,使得我们跟古代是相当隔膜的。从横的方面看，不同的国族、地域、社群有着不同的语言表达和思维方式。正如罗兰·巴特（Roland Barthes）曾经指出的："我们所阅读和所理解的一切，都像是一块布罩住了我们，我们被围在其中、被包裹在其中，俨然身处中心：这便是言语圈。这种言语圈是由我们的时代、我们的阶层和我们的职业赋予我们的：这便是我们的主体的一种'已知'。"①来自不同国族、地域、社群的人们即使使用着同样的语言，但语言表达背后有着不同的思维观念。如果不对背后的思维观念进行考量，无法对不同圈层人群的思维观念进行深入理解，就会造成"中西误解""圈层隔膜"的误读误解。

相对于语文学"从历史的兴趣开场，或早或迟渐渐伸展到现代"，人文语义学的问题意识注重"从现代的兴趣开场伸展到历史"。②从当下生活中所遭遇的"古今断裂""中西误解""圈层隔膜"等问题入手，再回溯到人文观念的盘根错节之中，去梳理语词表达中的幽微曲折，以回应现实问题带来的自我追问、历史拷问、当下叩问。例如笔者 20 世纪 90 年代撰写博士论文时，专门分析了"孔学"与"孔教"两个语词的差异。当时正处于思想解放、历史反思的热潮之中，林毓生《中国意识的危机——"五四"时期激烈的反传统主义》的出版掀起学界对五

---

① 〔法〕罗兰·巴尔特：《语言的轻声细语：文艺批评文集之四》，怀宇译，中国人民大学出版社 2022 年版，第 270 页。
② 张宝明：《"冷门绝学"：基于人文语义学视野的一点思考》，《光明日报》2023 年 4 月 24 日。

四"新青年派""全盘反传统"的批判浪潮。但在我看来"全盘反传统"的论断乃是对"新青年派"的误解。此一论题牵涉到"儒学"(孔学)、"孔教"(礼教)、"独尊"(一尊)。尽管论者都在不同程度上涉及了儒学、儒家的"一尊""诸子百家"等问题,但由于概念未能上升到精确的高度,因此很难在同一层次上展开实质性对话。问题的症结在于:怎样理解"孔学"与传统文化的关系?"孔学"与"孔教"能否相提并论?陈独秀、李大钊等人反对的是"独尊的儒家文化",还是儒家文化的"独尊"?通过梳理分析,论文指出"孔学"自孔丘创始,不断为后学补充、衍发,逐渐发展成为在中国传统文化中占一席重要地位的有力学说,而"孔教"依托于"孔学"而存在,但此时的"孔学"已是为一种无形政治力量所挟持的工具。两者的本质区别也就在于,一为众多学说中的"之一",一为压倒群芳的"唯一"。[1] 厘清"孔学"与"孔教"两个观念词,才能确定地说,"新青年派"并不是"全盘反传统",只是反对被定于一尊的"孔教"而已。当然,每个人根据自己的人生阅历与学术体悟,有着不同的问题意识。问题意识如同树的"根"与"藤",由此可以花开数朵,结出"数果"(硕果)。我们学术研究者可以根据兴趣各摘一枝,也可以独占花魁,一手多拥。

承前所论,紧随其后的则是以问道意识为旨归的学术归宿点。人文语义学以问题为切入口,最终以问道为目的。过去,

---

[1] 张宝明:《启蒙与革命:"五四"激进派的两难》,学林出版社 1998 年版。

我们常说问题意识，其实还有一个更为根本的意识，那就是问道意识。人文与科学有别，这不单单是"知识"维度上的另类：人类的尊严、位格、灵魂都是其呵护、监护与守护的对象。问题意识是自然科学、社会科学与人文学科共执的支点，也是学术创新的基础和前提，但是问道意识是人文学科最为关键的执念或说诉求。戴震在《与是仲明论学书》中说："经之至者道也，所以明道者其词也，所以成词者字也。由字以通其词，由词以通其道，必有渐。"[1] 我以为人文学科的高光境界应该是问道（意识）而不是问题（意识）本身。问题意识是人文学科共享的基本诉求，而问道意识才是人文语义学的最终旨归。以进行的孔学与孔教的研究为例，看似条分缕析的是二者观念的差异，其实是想厘清"新青年派"真实的启蒙路径，并思考中国现代化的路径到底如何选择的问题。再以我的"文明"与"文化"的比较为例，不管是梳理古今演进还是进行中西比较，最终目的都在于探讨在世界文明冲突或者文化冲突的语境下，如何更好地与世界各种文明和谐相处。[2] 由此可见，人文语义学研究以观念词为路径去考察源流、阐释元典，不是单纯地回溯往昔，而是有着再现过去以观照现在、映照未来的学术关怀。

语言是民族的文化观念，在人文语义学视野下，"文化世

---

[1]〔清〕戴震:《戴震文集》，卷9《与是仲明论学书》，中华书局1980年版，第140页。

[2] 张宝明:《"文化"与"文明"：人文语义学视野下人类的自我救赎》，载《人文》第10辑，中国社会科学出版社2024年版。

界主义"还是"文化民族主义",这是一个关乎胸怀与情怀的命题。时至五四,与进化论一脉相承的阶级斗争论成为那一代知识分子的思想武器。李大钊在接受马克思的唯物史观后,仍然认定:"我相信人类不是掠夺、争斗而生活,而是互助、相爱而生活。那过去的争夺被诺亚的洪水冲刷干净,人类互助的曙光将会再现。"① 从问学的问题,到人文的问道,这乃是"人道的钟声"之"道义"的必然选择。问题意识下催生的本然、何以然与问道意识下的应然、所以然形成了鲜明的对照。近代以降中西文化冲突带来的重重问题摆在了先知先觉面前,从20世纪初年的国粹派的代表人物对人类进步规律的认知到五四新文化运动时期"新青年派"的筚路蓝缕,问题与问道意识同在。邓实将人类进化的规律概括为"家群""族群""国群""世界群",更有以"同室苦乐为苦乐"到以"同国同种之苦乐为苦乐"再到以"一切众生同为人类之苦乐为苦乐"的阶段。② 这带有人类命运共同体的意识,而且是一种苦乐者联合起来的心态。邓实的观念虽然受到了进化论的影响,但他最终否定了"生存斗争"的本然,进而以"物竞"只是手段,而携手并进才是目的来结束自己应然的判断。③ 回到章太炎的"俱分进化论"与"国故论衡"那里,其从"独特"而非"傲慢"、互尊而

---

① 李大钊:《阶级竞争与互助》,《每周评论》1919年7月6日。
② 邓实:《政群》,《政艺通报》1903年第6期。
③ 郑师渠:《晚清国粹派文化思想研究》,北京师范大学出版社2014年版,第69页。

互轧视角出发得出"文化通性论"观念，可以说也是对"得道多助""失道寡助"之人类命运的另一种写照。①

回顾历史先贤的问题意识与问道意识，为人文语义学的学科路向提供了诸多可供参照的历史意义资源。人文语义学关注语词、聚焦观念，旨在联通过去与现在，沟通自我与他者，实现自由理性下的平等对话、交流。在诉求上，这也正是我们耳熟能详抱有同情之理解的人文关怀。在价值追求上，这则是反对以自我为中心的虚骄、排他，即维柯所说的"学者的虚骄"与"民族的虚骄"并由此导致的"讹见"——文化与学术自大狂。②今天，在同仁们努力为人文语义学寻找学科身份的当口，或许将问道意识作为将人文学术乃至社会引领向"光明顶点"的摆渡跳板才是最为适切且清醒的选择。

---

① 汪荣祖：《从传统中求变——晚清思想史研究》，百花洲文艺出版社2002年版，第383—385页。

② 〔意〕维柯：《新科学》，朱光潜译，商务印书馆2011年版，第103页。

第二章 人文语义学的思想源流与学科界定

"语义学"(semantics)最早是"形式语义学"(formal semantics)的同义概念,其起源于20世纪西方哲学所发生的"哥白尼式"的革命[①]:随着弗雷格(Frege)和罗素(Russell)所提出的现代逻辑的方法和理想语言的主张的普及,西方哲学在维特根斯坦的推动下实现了"语言的转向"(linguistic turn),形式语义学的研究由此成为当代哲学的主流研究范式和方法。形式语义学强调用理想语言来研究和规范对真理和意义的追求,维特根斯坦在《逻辑哲学论》里所提出的图像理论可以说是对形式语义学研究纲领的最佳解释。但随着后期维特根斯坦转向于自然语言的具体语境和对语言的实际使用的关注,形式语义学所蕴含的方法论预设和世界图景越来越成为哲学反思的对象,"历史语义学"则是语言转向以及后维特根斯坦时代"语言的意义在于使用"等观念在文学和思想史研究领域的回响和回应。近年来,历史语义学把关键词的研究封闭于历史的做法也受到了很多学者的批评,毕竟关键词研究不仅面向于历史,也包含着对当下社会的参与和对未来的塑造。由此,人文语义学的研究应运而生,并势必成为中国学者学术话语建设的重要组成部分。

[①] 徐友渔:《"哥白尼式"的革命——哲学中的语言转向》,生活·读书·新知三联书店1994年版,第1页。

第一节　西方哲学的语言转向

形式语义学也被称为逻辑语义学,是一种运用现代逻辑的思想与方法对语义进行研究的知识体系。当追溯形式语义学的历史时,很多学者经常会提及蒙太古(R. Montague),并认为20世纪70年代初蒙太古发表的《作为形式语言的英语》一文标志着形式语义学的初步成立。① 而实际上,形式语义学与20世纪初期西方哲学发生的语言转向有着密切的联系,正是对语言的关注才有了20世纪与语言相关的各种理论。② 因此,新近学者已经令人信服地把形式语义学的历史追溯到哲学的语言转向,以及推动这次语言转向的两个重要的哲学家弗雷格和维特根斯坦,认为形式语义学的研究思路和研究范式就来自弗雷格和维特根斯坦。③

20世纪的西方哲学发生了一场被称为"哥白尼式"的革命,这场革命被认为是西方哲学从古到今的第二次根本性转向,它意味着西方哲学从近代走向现代,而这场革命就是语言转向。哲学发展的每一个阶段,都有其侧重点和重心,所谓哲

---

① 姜武晨:《语义学研究综述》,《今古文创》2023年第1期。
② 傅德根:《简论历史语义学》,《马克思主义美学研究》2001年第1期。
③ 〔荷〕M.斯托克霍夫:《意义的体系——维特根斯坦的〈逻辑哲学论〉与形式语义学》,马明辉译,《世界哲学》2009年第2期。

学的"重心",在达米特(M. Dummett)看来,是指"某些哲学分支是更基本的,其他哲学分支的很多问题的解决都依赖于这个重心领域内新的方法的创建"①。在哲学史上,笛卡尔(Renè Descartes)实现了传统哲学从本体论到认识论的转移,笛卡尔之后的整个哲学的发展都以认识论为重心,这种情况一直持续到20世纪。而20世纪的语言转向则使得西方哲学的主要问题从认知转向了语言,逻辑学则成为现代哲学的重心,"哲学的首要任务就是对语言进行分析"②成为20世纪哲学响亮的口号。

这场语言转向虽然由哲学家维特根斯坦所实际推动形成,但其思想源头来自德国数学家弗雷格,弗雷格也被公认是现代逻辑的和语言哲学的创始人。弗雷格的思想对20世纪的逻辑、哲学和形式语义学等研究领域产生了重要的影响。当代哲学家达米特指出,在哲学史上,有三项殊荣归属弗雷格:首先,弗雷格发明了一种形式语言,并建立了逻辑史上第一个谓词逻辑系统,从而开创了用形式语言研究逻辑的新时代;其次,弗雷格所开创的逻辑方法被证明是研究哲学的重要方法,他的哲学逻辑的方法促进了其后西方哲学重心的转移——实现了从笛卡尔所开创的认知研究向语言分析的转向;最后,弗雷格用数学的方法研究逻辑反过来也促使了数学哲学的巨大发展,数学哲学其后的许多成就都受到了弗雷格莫大的启迪。而在这三大成

---

① M. Dummett, *Frege: Philosophy of Language*, Cambridge: Harvard University Press, 1981, p.xxxiii.

② 王路:《走进分析哲学》,中国人民大学出版社2020年版,第1页。

就里，起到关键和基础作用的就是弗雷格的概念文字。①当代哲学家欣迪卡（J. Hintikka）甚至认为，弗雷格的概念文字开创了形式语义学研究的先河，当代语义学等学科的研究依然是在这一研究范式和研究框架下进行。②

作为一个数学家，弗雷格最初的梦想并不是改造或者创新逻辑学，而是计划从逻辑推出全部的数学来，以此来证明数学基础的稳固性。但随着研究的深入，弗雷格逐渐发现日常语言的不完善和传统逻辑的局限："在科学的较抽象部分，人们一再感到缺少一种既可以避免别人的曲解又可以避免自己思想中错误的工具。这两个问题的原因都在于语言的不完善性。"③为了克服这一问题，弗雷格决定发明一套概念文字："当我致力于满足这种最严格的要求时，我发现语言的不完善是一种障碍，在现有各种最笨拙的表达中都能出现这种不完善性，关系越是复杂，就越不能达到我的目的所要求的精确性，概念文字的思想就是由这种需要产生出来的。"④弗雷格的概念文字的主要内容是建立一种新的看待语言结构的逻辑符号，而这套形式语言和

---

① M. Dummett, *Frege: Philosophy of Language*, Cambridge: Harvard University Press, 1981, pp. xxxi-xxxiv.

② J. Hintikka, "Semantical Games, the Alleged Ambiguity of 'Is', and Aristotelian Categories", *Synthese* 54(3), 1983.

③〔德〕弗雷格：《论概念文字的科学依据》，王路译，载《弗雷格哲学论著选辑》，商务印书馆2006年版，第39页。

④〔德〕弗雷格：《概念文字：一种模仿算术语言构造的纯思维的形式语言》，王路译，载《弗雷格哲学论著选辑》，商务印书馆2006年版，第2页。

逻辑符号背后蕴含着深刻的新的看待语言的方式，一种新的哲学蓄势待发。

纵观弗雷格的概念文字，影响最为深远的是三个逻辑符号以及它们背后所代表的思想。其中的第一个是表述判断的符号，这个符号由一个水平线和一条竖杠构成，其中，水平线是内容线，意谓句子可判断的内容；而竖杠是断定符，表示句子所表达的内容是真的。在弗雷格看来，一个句子的表达方式包含了说话者说话的重点（如同一个句子用把字句和被字句，表达了说话者关注重点的不同）和情感（惊叹、褒贬）等附属的含义，但对逻辑而言，重要的是句子的真值。弗雷格曾经用类比的方式说明真对于逻辑学的重要性："尽管所有科学都以真为目标，但是逻辑以完全不同的方式研究'真'这个谓词，即类似于物理学探讨'重的'和'热的'这些谓词或化学探讨'酸性的'和'碱性的'这些谓词；然而区别在于，后两门学科除了上述谓词外，还考虑其他性质，而不是像逻辑那样用'真'一词通过一种单一的完整的性质表达其本质。"① 弗雷格因此把真设定为逻辑学的目标。

既然逻辑学把求真作为目标，那它如何来实现这一目标呢？弗雷格接下来的两个逻辑符号揭示了这一路径。首先，弗雷格借鉴了数学中的函数概念把句子分为个体词和谓词两部分。

---

① 〔德〕弗雷格:《逻辑》，王路译，载《弗雷格哲学论著选辑》，商务印书馆 2006 年版，第 202 页。

在弗雷格看来，数学上函数（function）的最根本特征是"不饱和的"（unsaturated），①其自变元的位置是有待补充的，对自变元代入不同的数，函数会产生不同的函数值。"柏拉图是哲学家"这样的性质命题也可借鉴函数的结构分为两部分：个体词"柏拉图"和去掉个体词剩下的"……是哲学家"，其中个体词相当于函数中的自变元，而句子中去掉个体词所剩下的"……是哲学家"被弗雷格称为"谓词"。②它相当于函数，是有待补充的，对于代入的每一个名字，它都会形成一个相应的句子，并由此产生真值或假值。传统逻辑中一直无法解决的关系命题也可以纳入这一函数结构里考虑，对于形如"柏拉图是亚里士多德的老师"这样的关系命题，弗雷格采取的方式是依次去掉句子中的两个个体词"柏拉图"和"亚里士多德"，而代之以两个不同的字母 a 和 b，于是这个关系命题的结构就可以表达为"a 是 b 的老师"这样的包含两个自变元的函数。传统逻辑中性质命题和关系命题之间的区分在现代逻辑里不过意味着一元谓词（带有一个自变元的函数）与二元谓词（带有两个自变元的函数）或多元谓词（带有三个及以上自变元的函数）之间的区分。③

---

① 〔德〕弗雷格：《什么是函数》，王路译，载《弗雷格哲学论著选辑》，商务印书馆 2006 年版，第 55 页。

② M. Beaney (ed.), *The Frege Reader*, Oxford: Blackwell Publishers, 1997, pp. 139-140.

③ 关于此问题的详细讨论，可参见杨红玉：《论金岳霖〈逻辑〉中的"弗雷格-罗素论题"》，《哲学研究》2023 年第 4 期。

在引入函数的基础之上，弗雷格引入了量词—变元的概念来表达普遍性。在将"苏格拉底是有死的"这个包含个体词的语句处理为"Fa"的基础上，弗雷格进而思考如何处理"所有人都是有死的"这样的包含量词的语句。对于形如"所有人都是有死的"这样的语句，传统逻辑认为"人"是这个语句的所表达的对象，而"有死的"表达的是人的一种性质，这个句子总体而言表达的是两个概念之间的关系。传统逻辑的这种看法是基于一种语法上的顺序，在一个句子中，位于一个句子前面的主语表达的是对象，而位于后面的谓词表达的是属性。弗雷格对这样的观点提出质疑和反驳。在弗雷格看来，一个句子中主语与谓语的顺序体现的只是说话者的愿望——位于主语的事物是说话者希望别人关注的对象，这一点可以从主动语态句子和被动语态句子中体现出来：位于句子前面的那个主语是说话者强调的重点。弗雷格认为，这样的主词谓词的区分只具有语法学的意义，而不具有逻辑学的意义，一个句子中主语和谓语的位置调换只要不影响一个句子的真值，都是可以容忍的，因此弗雷格在其理论中取消了传统意义的主语和谓语的区分。在此基础上弗雷格进一步认为，个体词是一个句子真正的主语，"逻辑的基本关系是一个对象处于一个概念之下的关系：概念之间的所有关系都可以化归为这种关系"①。形如"凡人皆有死"

---

① 〔德〕弗雷格：《对涵义和意谓的解释》，王路译，载《弗雷格哲学论著选辑》，商务印书馆 2006 年版，第 120—121 页。

这样的语句，实际上表达的含义是："对于任一事物 x 而言，如果 x 是人，那么 x 是有死的"，个体词是这个语句的真正的主语，而"人"这个语词虽然处于主语的位置，但它仍同"有死的"一样，是一个谓词，用来谓述个体词所指称的对象。这样一来，这个句子中出现了两个概念词——"人"和"有死的"，这两个概念词谓述同一个对象，并建立起了一种条件性——"如果一个对象是人，那么他是有死的"，而"所有的"代表了对象的数量和范围。在此，弗雷格引进了量词—变元这个概念："在一个判断的表达中，……如果在这个自变元的位置上代入一个德文字母，并且在内容线上画出一个凹处，使这个相同的字母处于这个凹处，……它就意谓下面这样一个判断：无论将什么看做其自变元，那个函数都是一个事实。"[①]

正是基于这样的概念文字，弗雷格指出句子是意义的最小单位，也构成了最基本的语境，专名和概念词的含义只能在句子所表达的思想中得到刻画和说明，这个语境原则也是语言哲学所共同遵循的一个基本原则。蒯因甚至认为，把句子而不是语词作为意义的最小单位，这是语言哲学得以建立的基石和里程碑，在此基础上，语言哲学才得到了长足的进步。其次，句子具有不同于表面语法结构的深层逻辑结构。弗雷格指出，专名是句子的真正的逻辑主语，而概念是逻辑谓语，概念的最大

[①]〔德〕弗雷格:《概念文字：一种模仿算术语言构造的纯思维的形式语言》，王路译，载《弗雷格哲学论著选辑》，商务印书馆 2006 年版，第 26 页。

特点就是其谓述性，量词是对概念词的限定，用来表明对象的范围，通过对量词域内对象的指派，句子有了自己的确定的真值。在此基础上，弗雷格进一步区分了专名、概念词、句子的含义和意谓。这样一来，专名、概念，意义、真等日后分析哲学的重要概念和议题在弗雷格著作中都已经出现。

弗雷格自己也意识到这种新的形式语言将会对哲学产生重大影响："如果说哲学的任务是通过揭示有关由于语言的用法常常几乎是不可避免地形成的概念关系的假象，通过使思想摆脱只是语言表达工具的性质才使它具有的那些东西，打破语词对人类精神的统制的话，那么我的概念文字经过为实现这个目的而做的进一步改进，将能够成为哲学家们的一种有用工具。"①在这里，哲学的任务被看作对语言的分析，即"对哲学上有意义陈述的客观内涵的确定，是对它们用日常语言表达的批判，是对它们用一种适当语言的翻译"②。这是弗雷格对未来哲学的展望，而真正实现这一哲学纲领并真正完成哲学语言转向的人是维特根斯坦，维特根斯坦随后发表的《逻辑哲学论》里包含了日后兴起的形式语义学的重要哲学预设和研究方法。

---

① 〔德〕弗雷格:《概念文字：一种模仿算术语言构造的纯思维的形式语言》，王路译，载《弗雷格哲学论著选辑》，商务印书馆2006年版，第4页。
② 〔美〕汉斯·D.斯鲁格:《弗雷格》，江怡译，中国社会科学出版社1989年版，第151页。

第二节　形式语义学的学术旨趣

《逻辑哲学论》的核心要义是提供一种探求意义的体系与方法，准确地说，是探求语言与世界之间的联系，因为语言的意义在于世界之中。这一点，正如维特根斯坦在该书前言里所言："本书想要为思想划界"①，实际上也是为意义划界。《逻辑哲学论》的写作进路是从世界开始谈起，"世界是事实的总和（1.1）"，"发生的事情，即事实，就是诸事态的存在（2）"，然后从世界进展到语言，"事实的逻辑图像是思想（3）"，"思想是有意义的命题（4）"，接着从语言谈到了逻辑，"命题是基本命题的真值函项（5）"。最后，通过逻辑与伦理学的对比，维特根斯坦得出本书的结论："凡是可以说的东西都可以说得清楚；对于不能谈论的东西必须保持沉默。"②可以看出，维特根斯坦谈论的意义就是命题的意义，命题的总和构成了语言，而语言的界限就是世界的界限，这是逻辑的界限，更是意义的界限。超出语言界限的是"不可说的"，如伦理学，它是超验的和必然的，其价值体现在人的行动中而不是语言中。

在维特根斯坦的《逻辑哲学论》中，意义生成的首要原则

---

① 〔奥〕维特根斯坦：《逻辑哲学论》，贺绍甲译，商务印书馆2021年版，第23页。

② 同上。

是图像论,这也是形式语义学的重要原则。命题是用来表达思想的,而思想的真假不能在语言内部得到验证,而在于世界之中,因为世界是事实的总和,而事实的逻辑图像是思想,思想的真假在于其与事态和事实是否符合。因此,在形式语义学中,真是一个核心概念,真的一边联系着语言,另一边联系着世界,真是对两者符合关系的断定,也是意义生成的根本方式。维特根斯坦的这一观点深深影响了形式语义学的先驱者塔尔斯基(A. Tarski)和戴维森(D. Davidson)。塔尔斯基通过递归的方式在形式语言中定义了真这个概念,而戴维森则在塔尔斯基工作的基础之上,把形式语言的真概念应用于自然语言的语义之中,指出理解一个句子的语义就是知道它为真的条件,真由此成为形式语义学的核心概念,追求真也成为形式语义学的主要目标。

《逻辑哲学论》贯彻的另一个原则是组合性原则,这一原则也是形式语义学的主要研究方法。在《逻辑哲学论》里,基础命题也就是罗素所谓的原子命题,是与外部世界中的事态相关的:"最简单的命题,即基本命题,断言一个事态的存在(4.21)","命题的意义是它与事态的存在和不存在的可能性符合和不符合(4.2)","若一个基本命题为真,事态就存在;若一个基本命题为假,事态就不存在(4.25)"。复合句子即命题则是基本命题的真值函项,每个命题都是对基本命题作真值运算的结果(5.3),而复合句子之所以能够以基础命题为基础进行真值运算,是因为逻辑在其中起到的"脚手架"的作用:"逻辑命题描述世界的脚手架。或者不如说,它们是展示世界的脚手架。它们不'论及'什么。它们假定名称具有指谓。基本命题具有意义,这就是它们同世界的联系(6.124)。"可以看出,在组合性原则中,维特根斯坦运用的是逻辑的方法来建立句子的意义,这一点深深影响了蒙太古,在 1970 年的《普遍语法》里,蒙太古提出:"在我看来,自然语言和逻辑的人工语言之间没有重要的理论差异;实际上我认为在一种单一的自然的和数学上精确的理论中把握这两种语言的句法和语义是可能的。"① 正是因为蒙太古和戴维森等形式语义学的先驱们把弗雷格和塔尔斯基处理形式语言的方法应用于自然语言,"形式的"等同于"逻辑的",从而使得形式语义学成为逻辑语义学。

第三节 历史语义学的兴起与研究方式

如果说形式语义学是语言转向以后哲学界做哲学的范式,那么历史语义学则是语言转向之后文艺界和思想史界做文艺和思想史研究的重要方式,它们都根植于对语言分析这一研究方法的关注和重视。历史语义学的先驱雷蒙·威廉斯在其《文化与社会:1780—1950》《马克思主义与文学》等著作中通过对语言的历史发展和语言的社会运用来考察文化的变迁和社会的演

---

① Richard Montague, *Formal Philosophy: Selected Papers of Richard Montague*, Richmond H Thomason(ed.), New Haven and London: Yale University Press, 1974, p. 221.

变，开创了历史语义学研究的先河。

需要说明的是，虽然历史语义学也把语言作为分析的主要对象，但威廉斯与蒙太古在语言分析上的学术旨趣是非常不同的。威廉斯不再把语言的语义或内涵看成一种客观的对象，也不再注重语言的抽象的本质，而更注重于语言的含义在历史和社会中的变迁。威廉斯认为以往的语言研究总是贯彻着一种柏拉图理念论的立场，那就是把对语言的研究局限于文本，并在这种文本研究中持一种含义的客观主义立场，那就是"把语言看做是一种凝固的、客观的而且在这些意义'已经设定了'的系统，这种系统无论是在理论上还是在实践上都先在于那些被描述成'言说'（utterances）[后来又被称为'表达'（performance）]的东西。这样一来，存在于世界上特定的社会关系当中的那些活生生的人类的言语就都被化约了，它们不过是某种凌驾于它们之上的系统的实证和例子而已"①。鉴于19世纪以来语义客观主义实际上是欧美国家对异国异族的文化霸凌和殖民主义的傲慢，作为一个马克思主义者，威廉斯认为对语言的实际运用和语言的历史研究非常重要，因为语言本身是能动的创造性过程，语言的意义生成本身也是一种社会活动。威廉斯还认为语言打破了社会与个人的二元对立，是社会个体能动创造性的重要方式。威廉斯指出，语言虽然是社会的产物，

---

① 〔英〕雷蒙德·威廉斯：《马克思主义与文学》，王尔勃、周莉译，河南大学出版社2008年版，第26页。

但个人在其中并非只是机械地反映和被动地接受，语言是社会生活和社会交往的产物，是社会与个人的交互，因此，研究语言就显得异常重要："事实上这些词汇有一个总体变化范式，可以把这个范式看作一幅特殊的地图，借助这张地图我们可以看到那些与语言变化明显相关的生活和思想领域所发生的更为广阔的变迁。"①

历史语义学的兴起与后期维特根斯坦的转型思想有着重要的联系。在《逻辑哲学论》发表后的数年间，维特根斯坦在经历了山村工作和生活的经历后，其哲学思想发生了重大转型，这一时期也被称为后期维特根斯坦，而最能体现维特根斯坦这一时期观点的著作是《哲学研究》。在《哲学研究》里，维特根斯坦放弃了其早期在《逻辑哲学论》里所坚持的追求意义普遍性的渴望和梦想，转而认为对普遍性的渴望其实是假定众多事物的背后有一个共同的、一致的、本质的属性，这种对普遍性的关注会导致对个别性、具体性事例的忽视。维特根斯坦进而认为，这种对普遍性关注的思想错误根源于哲学家对科学方法的依赖而不自知，那就是在自然科学中，科学家对自然现象的解释总是归纳为尽可能少的几条初始的自然规律，这种倾向诱惑着哲学家以科学的方式来提出问题和回答问题，而这会把哲学带入黑暗，因为哲学不是自然科学。维特根斯坦认为，语言

---

① 〔英〕雷蒙·威廉斯：《文化与社会：1780—1950》，高晓玲译，商务印书馆2018年版，第15页。

的意义就在于其使用方式，我们完全可以把语言的交流看作下棋一样的游戏，语言的意义就相当于游戏规则的说明："'语言游戏'这个词在此当是在强调如下之点：语言的说出是一个活动或者是一个生活形式的一个部分。"① 在此基础上，维特根斯坦认为哲学绝不应该像以前的哲学那样追求普遍性的知识，而是要对语言的具体使用进行描述，描绘出一个语言的地图：哲学让一切事物任其自然。

正是后期维特根斯坦重视言语具体行为的洞见大大鼓励了剑桥大学和牛津大学日常语言学派的出现，这也是历史语义学得以创立的思想史源头。日常语言学派倡导对日常语言的分析和对语境作用的重视，其代表人物摩尔（G. E. Moore）、赖尔（G. Ryle）、奥斯汀（J. L. Austin）等哲学家都在剑桥大学或牛津大学读书或任教，这里成了日常语言学派的重镇。这一点对威廉斯产生了重要的影响，威廉斯毕业于剑桥大学，而后又长期任教于剑桥大学，后期维特根斯坦的转型和日常语言学派的崛起就发生在他的青年和壮年时期。哲学思潮的影响也席卷了文学和思想史研究领域并对威廉斯产生了重要的影响："回首那些日子，我最近才认识到，自从我 1939 年作为本科生进入剑桥以来，我与剑桥英语的历史的三分之二时间保持着密切的联系。另外，在过去的大约二十年时间里，我竟然还往往处于接近中

---

① 〔奥〕维特根斯坦：《哲学研究》，韩林合译，商务印书馆 2013 年版，第 24 页。

心的地方。"①

关于历史语义学，国际学界的一个共识是，威廉斯所倡导的历史语义学研究其实就是关键词研究，威廉斯也明确地用历史语义学这一概念归纳其关键词的研究方法，甚至视之为"文化/社会研究的主要方法"②。威廉斯以关键词为载体，从结构史的视角出发，分析一个概念的历时深层分布，从而揭示出人们的思想和社会、经济以及政治社会的变迁，这也被看作历史语义学的核心所在。③关键词研究甚至被史学界认为是历史学研究方法的重要转向。但在历史语义学取得巨大功绩的同时，也有很多学者对其提出了批评。首先，在关键词的选取问题上，有学者认为尽管威廉斯本人在《关键词：文化与社会的词汇》一书中是慎重的，但很多重要的概念因为他的价值判断和学术旨趣而没有被其罗列其中，如何在关键词的选取上做到客观公允，本身就是关键词研究的难点所在。另外，在关键词的历史勾勒研究中，把概念的含义完全等同于它被使用的方式，这一点也被学者所诟病，因为如果关键词的含义就是它被使用的方式，那么关键词的研究就是潜在地认同它的各种含义，从而丧失对其规训的标准和应有的价值判断。

---

① 傅德根：《简论历史语义学》，《马克思主义美学研究》2001年第1期。
② 方维规：《关键词方法的意涵和局限——雷蒙·威廉斯〈关键词：文化与社会的词汇〉重估》，载王中江、张宝明编：《语境和语义——近代中国思想世界的关键词》，上海人民出版社2022年版，第703页。
③ 同上注，第706页。

第四节　语义学的中国实践

中国也有着关注语词解释和诠释的悠久的语义学历史。早在先秦时期，诸子学者就开始关注名实问题，甚至出现了专门的名家学派，以"名定而实辨，道行而志通"（《荀子·正名》）而见长。实际上，对名实问题的关注，不仅仅是名家，而是诸子共同的核心议题，以至于近代思想家胡适就认为，在先秦时期所谓的名学就是各个学派为学的方法："古代本没有什么'名家'，无论哪一家的哲学，都有一种为学的方法。这个方法，便是这一家的名学（逻辑）。所以老子要无名，孔子要正名，墨子说'言有三表'，杨子说'实无名，名无实'。公孙龙有《名实论》，荀子有《正名篇》，庄子有《齐物论》，尹文子有刑名之论：这都是各家的'名学'。"[①] 后期墨家更是把这一时期的名学的方法归结为："以名举实，以辞抒意，以说出故"（《墨经·小取》），从而达到"明是非之分，审治乱之纪，明同异之处，察名实之理，处利害，决嫌疑"（《墨经·小取》）的思想目的。可以说，先秦时期诸子各家的名学，就是中国最早的语义学传统，也开启了中国传统的训诂学的历程。

[①] 刘梦溪主编，胡适著，陈平原编校：《中国现代学术经典·胡适卷》，河北教育出版社1996年版，第129—130页。

"训诂"一词在班固《汉书》里多写为"训故","故"就是古语,《刘歆传》说:"见古文《春秋左氏传》,歆大好之。……初《左氏传》多古字古言,学者传训故而已,及歆治《左氏》,引传文以解经,转相发明,由是章句义理备焉。"[①] 训诂学就是解释语词和研究语义的学问。中国的训诂学经历了传统和现代两个发展时期。传统的训诂学被称为小学,是经学研究的一部分,即对经学的注释之学。这一学问在西汉、唐代、宋代以及清代都是学者们做学问的主要方法,清代时期的乾嘉学派更是代表了传统训诂学的巅峰状态。清代末年,随着西方语言学方法的传入,章太炎主张把小学扩展为"语言文字之学",这标志着训诂学从传统的经学的附属学问拓展为对包括口语、方言等语言现象的现代诠释之学。

　　训诂学虽然脱胎于先秦时期的对名实关系的探讨,但无论是先秦时期的名学(广义上的诸子各家的名学理论),还是其后的训诂学,都有着一个无法回避的理论困难。以孔子为例。春秋末年,政治崩溃,道德紊乱,世道衰微,孔子把当时道德的沦丧诿诸思想方面中央权威的丧失:"名不正则言不顺,言不顺则事不成,事不成,则礼乐不兴,礼乐不兴,则刑罚不中,刑罚不中,则民无所措手足。"(《论语·子路》三)于是,孔子从"正名"开始,其宗旨就是要在天下重建理想的社会关系,

---

① [东汉]班固撰,[唐]颜师古注:《汉书》,卷36《楚元王传第六》,中华书局1962年版,第1967页。

第二章　人文语义学的思想源流与学科界定　069

做到君君、臣臣、父父、子子。孔子的正名方法分为三步：第一步是正名字，即"别异同"，也就是要订正一切名字的意义，这是言语学、文法学的事业；第二步是定名分，也就是"辩上下"；第三步是寓褒贬，即把褒贬判断寄托在记事的名字之中，从而使人生畏惧之心趋善去恶。孔子的"正名"学说，深深影响了诸子各家，荀子的正名论、法家的"正名论"自不待说，就是杨朱的"名无实，实无名"也是这种学说的反动，孔子的正名理论甚至被认为是"中国名学的始祖。正如希腊苏格拉底的'概念说'，是希腊名学的始祖"①。但孔子的正名思想在方法论上具有无限倒退性。孔子和儒家逻辑的核心问题是"正名"，其目的是建立一个理想的世界，以便现实世界去模仿和接近。而其正名的方法则是重建名的原始的和理想的意义，以改正现在已陈旧和退化了的名的意义，这实际上是一种无限倒退的思路："任何一个现代语言学家都能很容易地看到这个企图是无效的。因为非常明显，即便不考虑这样一个无穷倒退的困难，这些名词在最后被发现时的原始意义不过是比词源学意义略胜一筹。当我们终于追溯到'象'这个词作为一只'象'的原始意义时，会获得什么样的逻辑的和道德的好处呢？如果我们抛弃了这种严格的词源学探讨，我们就不得不求助于任意专断的意义，求助于哲学家们自己认为理想的意义。"②这一点，也是训

---

①　刘梦溪主编，胡适著，陈平原编校：《中国现代学术经典·胡适卷》，河北教育出版社1996年版，第74页。

②　胡适：《先秦名学史》，学林出版社1983年版，第64页。

诂学的理论困难所在。

正是意识到训诂学的这一流弊，当代学者冯天瑜先生提出了"历史文化语义学"的研究范式。冯先生认为语言所具有的意义的形成和演化，最终是以概念的词化所形成的，因此西方概念史的研究具有重要的意义，历史文化语义学就是把西方概念史研究的方法引入汉字文化重要概念的实证考析中去："人们在语言实践中致力字、词的知识考古，在古与今、中与外的意义世界寻觅异同、探究因革，由字通词、由词通道，这恰与当下流行的概念史研究、词与物研究相贯通。这门兴味无穷的学问是历史的，也是文化的，故可命名'历史文化语义学'，它脱胎于中华历史悠久的训诂学，是从训诂这一劲拔的老干上生发出的生气盎然的新枝。"① 历史文化语义学在中国思想史学界引发广泛关注，是中国思想史关键词研究的重要组成部分。

第五节　人文语义学的学科界定

人文语义学是中国学界近几年所提出的新研究范式并日益受到学界的重视和支持。语言是人类认知生活并进行表述的方式和过程，每一种语言都包裹着一个特定民族与众不同的世界

---

① 冯天瑜：《从训诂到历史文化语义学》，《武汉大学学报》（哲学社会科学版）2023年第2期。

观，每一次表述都是具体时空语境下的人类语言交往实践，在当代人类的语际书写充满着知识、思想、观念的冲撞并造成古今断裂、中西误解和圈层隔膜等问题的状况下，人文语义学的研究应运而生："人文语义学意在打破越来越精细的研究领域划分，将各人文学科的思考融会贯通，以观念词为抓手在各种接合部用力，透过相互间的区隔、纠缠与对话，挖掘其中蕴含的时代精神与文化变迁。同时，人文语义学通过对观念词的纵向钩沉、横向比较，理解语义所蕴含的真实和丰富的意义，将语言文字背后隐藏的多元文化观念揭示出来，使那些被误读、被扭曲的历史真相能够还原到最初的、本真的状态，为那些充满误解、冲突和矛盾的世界交往提供多元化理解的意义空间。"①

可以看出，一方面，人文语义学强调语义形成的历时性和共时性，这是对形式语义学的重要超越。人文语义学指出，语词的意义并不像形式语义学所坚持的那样是客观的和抽象的，而是历时形成的，经历着一个不断发展变化和变迁的过程，时代的变迁和历史的阻隔，后人置身的语境可能已完全不同于文本所置身的语境，同样一个语词，现代的意义和古代的意义或有着天壤之别。历史已逝，人已作古，但历史文化的变迁、思想观念的兴替和精神生命的体验，都已沉淀在语词、概念和话语表达之中。在关注概念语义纵向历史演变的同时，人文语义

---

① 张宝明：《人文语义学：一门关乎人类语际书写的知识体系》，《探索与争鸣》2023 年第 3 期。

学在横向的维度也关注地域、民族、国家之间的语际沟通中的共识与歧义,研究这些观念词的语义变迁和语际碰撞,就可以窥斑见豹,了解一些历史的真实面相。人文语义学便以探析语词的历史轨迹和思想文化蕴含为基旨,要求不仅探讨语词的原始语义,同时还关注语义在历史流变和语际交流中所发生的变异,准确把握语义的内涵和外延及与之相关的文化观念,在语义多元歧义中探察人文的广延。

另一方面,人文语义学强调语际写作和多元文化的视角,这也是对历史语义学方法的重要补充。威廉斯的历史语义学被昆廷·斯金纳(Quentin Skinner)所诟病,认为其关键词研究中裹挟了威廉斯个人的过于武断的价值判断和文化理念,这一点也是关键词研究的一个摆脱不掉的问题。而人文语义学强调语际对话,认为观念是语言世界图景的基本文化单位,而观念词则是用来承载某个语言文化共同体的核心文化观念的语词,也可称之为人文史关键词,它们是对某一具体文化来讲特别重要、特别具有代表性的语词。人文语义学的研究不仅是以关键词为依托,寻绎从概念到观念之起源、演绎、衍变之"史"的一门学问,对民族国家内部观念词的研究只是人文语义学研究的上半场,而更重要的是通过考察梳理不同民族国家的观念词,以探讨不同语言之间观念词互译沟通的可能性空间。可以说,在立足点上,人文语义学坚持文化的复数立场,也是文化的平等立场,不再把一种文化作为价值判断去规训或消解另一种文化,以期打开不同民族、国家之间相互理解的可能性空间。

洪堡特曾经说过:"语言是精神的生动创造"①,语言与人类精神和人类本质具有同一性。维特根斯坦也认为,语言是意义的全部场所:"我的语言的界限意味着我的世界的界限。"②以语言为载体研究人类的精神生活和物质文化生活的变迁和图景,是语言转向之后人类理智的重要发现和重大成果,形式语义学和历史语义学如此,人文语义学亦是如此。作为后起之秀,人文语义学从关注理想语言的结构形式转向概念意义生成的多元文化语境和语际交流,从概念的历史沉淀延伸至对现实生活和人类行动的关照和创造,人文语义学必将成为我国新文科建设的学术创新亮点,也必将使我国的人文学科在新的研究范式下呈现出新的面貌。

---

① 〔德〕威廉·冯·洪堡特:《论人类语言结构的差异及其对人类精神发展的影响》,姚小平译,商务印书馆1997年版,第196页。
② 〔奥〕维特根斯坦:《逻辑哲学论》,贺绍甲译,商务印书馆2021年版,第23页。

第三章 人文语义学的研究方法

第一节 "语境"历史的考察

人文语义学是一门关乎人类语际书写的学问,具备自身的知识体系,其中蕴含了思考和开展人文学科研究的方法论体系。关注书写,便不能不注重文本,从文本入手是文史哲等学科普遍的治学思路,人文语义学同样秉持这一传统,但在对文本进行考察时,更加注重对语境的回归。这是由人文语义学的学科属性和特性所决定的,其考察文本的最终归旨在于人类的语际书写,探讨不同时代、不同文化、不同国家之间以语言符号为载体的交流互通。相较于文学、信息科学、语文学等对语境的关注,人文语义学的语境路径强调文化性、历史性、社会性和知识性,重回文本生产、传播与使用等多维场景,进行意义追踪和建构。

一、语境:在词与物之外

语汇和词汇既是人文语义学的主要着力点,也是近现代以来学术研究共同关注的论题。若对众多讨论语词和语义的学者做一粗疏的扫描,则米歇尔·福柯必然是停留的重要焦点之一。其 1966 年在巴黎出版的《词与物——人文科学考古学》(*Les Mots et les choses: une archeologie des sciences humaines*)以一种全新的研究范式，探讨话语实践，也即词与物之间的秩序。在其深邃的理论洞察之外，揭示了人们认知的盲区，词与物之间的关联绝非自然天成，而是人类建构的结果。这一洞察在索绪尔的能指和所指中同样清晰可见，福柯将其更进一步，从宏观的社会、文化等层面，考察作为话语实践的词与物。人文语义学的学术旨趣，也正是建立在这样的思想积淀之上。若要对前者进行界定，就不得不先厘清后者。

福柯是法国哲学家、社会思想家和"思想系统的历史学家"，法兰西学院思想体系史教授，被认为是法国从结构主义向解构主义过渡的哲学家。作为学术史上的天才型学者，福柯对以往被传统排斥的"疯癫""性"等领域的思想属性进行开创式研究，形成了自身独特的理论体系。围绕知识、权力、秩序等核心，福柯的思想世界呈现出丰富深邃的特征。在知识考古学方面，福柯出版了如《疯癫与文明：理性时代的疯狂史》《临床医学的诞生》《词与物——人文科学考古学》《知识考古学》等系列著作，在权力谱系学方面，他发表了《话语的秩序》《尼采、谱系学、历史》《规训与惩罚》和《性经验史》等论著。从其研究偏向中，不难看出福柯对于话语实践的迷恋，无论是"知识型"研究还是权力秩序研究，某种程度上都是建立在福柯理论体系中的话语实践基础上。

《词与物——人文科学考古学》是一部人文科学的考古学，福柯使用了"知识型"这一概念。所谓"知识型"，指的是在某个时期存在于不同学科领域之间的所有关系。作为不同学科之间关系的集合,知识型就是西方文化特定时期的思想框架,是"词"与"物"借以被组织起来并能决定"词"如何存在和"物"为何为物的知识空间,是一种先天必然的无意识的思想范型。① 在这里,福柯以"知识型"开辟了传统思想史领域不曾涉足的问题,即无意识的思想范式,同时提出了追踪这种无意识思想范式的路径,通过对"词"的存在和"物"如何成为物的话语实践达成。

在福柯的研究中,用话语替代了语言,用话语实践取代了符号的指称作用。"话语并不只具有意义或真理,而且还具有历史,有一种并不把它归于奇异的生成变化律这样的特殊的历史,我们可把一组属于同一个话语构成的陈述集合称作话语……我们可以确定这些有限陈述的一组存在条件……话语通体都是历史的……。"② 由此依稀可见福柯所说的话语或话语实践,从根本上说就是一种历史,就是意义或真理的生成机制之历史。这与上述思想范式再次相遇,并将后者带入历史考察的视野。

回到《词与物——人文科学考古学》本身,该书"要表明从 16 世纪以降,这种经验在像我们这样的文化中能发展成为什么;如同人们反向追踪的,以何种方式,语言曾得到了那般谈论,自然物得到了那般设想和组集,交换得到了那般实施;于是,以何种方式,我们的文明表明了秩序的存在,以及交换的

---

① 〔法〕米歇尔·福柯:《词与物——人文科学考古学》,莫伟民译,上海三联书店 2023 年版,第 6 页。

② 同上注,第 8—9 页。

法则,生物的规律性、词的序列和表象价值又如何归因于这个秩序的形态;为了构成在语法和语文学、在自然史和生物学、在财富研究和政治经济学中所部署的那种实证的认识基础,什么样的秩序形态曾经被确认、设定并与时空联系在一起"[1]。换言之,福柯认为支配各种话语和各门学科的知识密码实质上是词与物的关系。西方思想史的变迁本质上就是词与物关系的重新配置,词与物的关系及其配置是思想史的深层结构。

  福柯认为自16世纪以来,西方文化先后出现四种认识型。第一是16世纪的文艺复兴认识型,其特点是词与物的统一;第二是古典认识型,其特点是用词的秩序再现物的秩序;第三是从19世纪至今的现代认识型,其特点是词的秩序不再表示真实的事物,而是表示人对物之秩序的认识;第四是尚未出现的当代认识型,其特点是词仅仅表示其他词,而不再指涉外界。它将带来一个最为引人注目的后果就是"人之死",这也是大众对福柯理论最为熟知的地方。通过对这四个阶段的知识考古,表明了福柯所考察的话语实践中的另一个关键点,即人在话语实践中的位置。

  上述对福柯思想中的"词与物"和专著《词与物——人文科学考古学》的简要梳理,为我们进入人文语义学的致思路径奠定了基础。人文语义学不仅关注"词"与"物"之间,同样

---

[1] 〔法〕米歇尔·福柯:《词与物——人文科学考古学》,莫伟民译,上海三联书店2023年版,前言,第7—8页。

观照"词"与"物"之外,这一路径汲取了福柯的思想精华。虽以《词与物——人文科学考古学》为题,但福柯所开创的知识考古学,在研究实践中或许已经溢出对"词"与"物"的考察。福柯从事的是话语的历史,而非意识的历史、精神的历史。他并不分析话语的语言系统,也不分析话语构造的形式规则,福柯并不是想要知道什么使得话语合法、可理解和在沟通时使用,福柯并不提出编码的问题,而是事件的问题:陈述的存在法则,使陈述可能的一切;陈述得以特殊涌现的条件;不同陈述及其非陈述之间的相关性等。[1] 由此可见,福柯所进行的考古虽然关注语汇,却并非语言学上的考古,而更侧重语言与社会现实的互动。

  语汇或词汇在现实社会中的存在方式、使用方式、流动方式等构成了人文语义学上的语境,上述内容正是"词"与"物"之间多元的互动关系形成的场域,不仅是意义生产的过程,同时是词与物生产的结果。从福柯的词与物,关联到人文语义学的语境,其中虽有脉络勾连和思想承续,然而在新的术语统辖下,仍然需要我们在福柯的基础上,正式提出"语境"这一概念。若要明确提出"语境"这一研究工具,就需要对语境进行严格的学理考订。

---

[1] 〔法〕米歇尔·福柯:《词与物——人文科学考古学》,莫伟民译,上海三联书店 2023 年版,第 14 页。

二、语境的意义生产、传播与使用

语境（context）指人们运用自然语言进行言语交际的言语环境，它包括说话者、听话者、说话的时间、说话的地点以及交际者（包括作者与读者）已共同具有的知识等因素。① 这一概念最早由波兰人类学家马林诺夫斯基（B. Malinowski）在1923年提出。② 语境可分为上下文语境、情景语境和文化语境三种。

第一种是上下文语境，即书面语的上下文或口语的前言后语。例如：有几个"慈祥"的老板到菜场去收集一些菜叶，用盐水一浸，这就是她们难得的"佳肴"。（夏衍《包身工》）通过上下文语境，我们可以知道"慈祥""佳肴"用的是反语，讽刺了老板对包身工的残忍压榨。上下文语境是意义表达的基础语境，离开上下文，便很难确定一个符号的语义。

第二种是情景语境，即言语交际时的具体情景，其范围大小是交际双方当时的感知能力所能达到的最大限度，具有现场性，有的也叫"现场语境"，包括时间、地点、话题、场合以及交际参与者的身份、地位、职业、思想、教养、经历等。例如：

---

① 索振羽：《语用学教程》，北京大学出版社2014年版，第21—35页。
② "语境"的概念是波兰籍人类语言学家勃洛尼斯拉夫·马林诺夫斯基于1923年提出，见于他为美国学者奥格登（C. K. Ogden）和英国学者理查兹（I. A. Richards）所著《意义之意义》（*The Meaning of Meaning*，1923）一书所作的附录文章《原始语言的意义问题》。

一位教师说："明天上午八点我去上课。"一个学生说："明天上午八点我去上课。"教师和学生虽然都说同样的话，由于教师和学生的身份不同而决定了同样一句话的意义不同，教师说这句话的意思是"去讲课"，而学生说这句话的意思是"去听课"。

第三种是文化语境，即更大的社会历史文化背景、规范和习俗、价值观等。例如：他俩把生米煮成了熟饭，使她父母再也不好反对他俩的婚姻了。"生米煮成了熟饭"是俗语，指事情已经发展到难以改变的地步，或既成事实，难以改变。在此语句中指两人已经发生了两性关系。按照中国的文化传统，对两性关系的表达很含蓄，一个年轻的姑娘一旦和一个男子发生了性关系，就必须嫁给那个男子，因此她的父母再也不好反对两人的婚事。中国人很容易理解，欧美人则很难理解。

马林诺夫斯基对语境划分，不仅以分类方式描述了何为语境，也以强有力的论证，反复确认语境对语义的重要影响。可以说，语境会生成语境意义，而语境意义是由语境所赋予的超越语汇和词汇字面意义之外的意义。语境也是意义传达必不可少的构成要素，某种程度上，在意义交换过程中，所交换的是由语境意义和语词意义共同构成的语用意义。

这一点也得到了语义学的支撑。英国文艺理论家理查兹认为，语义学的核心问题是语境问题。他把"语境"所指的言语环境从传统的"上下文"意义扩展到最大限度，将下列四种语境收编进来：第一是属于一本书的环境；第二是任何写出的或说出的话所处的环境；第三是该单词用来描述那个时期为人所知的其他用法的环境；第四是那个时期有关的一切事情或与我们诠释这个词有关的一切事情的环境。①理查兹的语境研究聚焦作者群体，借助对作家的创作环境，包括作者生平、当时出版的惯例和公众的期望，以及当时的社会政治、经济、文化等状况，考察作者的写作。此外，在对作家作品的阐释中，理查兹还强调后代读者所处的时代也与过去时代的作品构成一种语境关系。

语境是语义发生的场所，这意味着当我们考察某种语义时不得不回到特定情景中。这在很大程度上拓展了对语义的原本认知，语言始终被多重意义包裹，就其本身而言，无论是所指还是能指，都立足语言的符号意义。在语言的使用过程中，不断建构和丰富多维意义空间。比如人文语义学所强调的语境意义，上下文语境、情景语境和文化语境，以及其他在符号之外参与意义生产的要素。意义生产的最终结果，就构成了语用意义。从传播过程来看，语词意义更像是作者想要传达的意义，语境意义是意义传播必然要经历的生产流程，语用意义更靠近读者解读出来的意义。

三、语境中的意义空间和阐释空间

无论是以语言为载体的意义的生产、传播，还是使用，都

---

① 朱立元主编：《艺术美学辞典》，上海辞书出版社2012年版，第254页。

离不开语境。这种离不开，既是表达者的离不开，也是意义受众的离不开。在罗兰·巴特提出"作者之死"后，揭示了意义在传播过程中的秘密，作者的意义不会原封不动地达到读者，读者的意义解读既受到作者表达之意义的影响，同时更加受到自己所处阐释空间的左右。罗兰·巴特在《作者之死》(*The Death of the Author*)中为我们梳理了这种主体位置的转换过程。在这篇刊载于1968年《占卜术》上的文章中，罗兰·巴特终结了作者对文本的绝对控制权和解释权，他说，"从语言学上讲，作者从来就只不过是写作的人，就像我仅仅是说我的人一样：言语活动认识'主语'，而不认识'个人'，而这个主语由于在确定它的陈述过程之外就是空的，便足以使言语活动'挺得住'，也就是说足以耗尽言语活动"[1]。伴随作者的消散，读者逐渐浮现。"为使写作有其未来，就必须把写作的神话翻倒过来：读者的诞生应以作者的死亡为代价来换取。"[2]

罗兰·巴特强调了读者在意义建构过程中的决定地位，完全走到了作者对面。如果说这种非黑即白的转置过于绝对的话，那么他所开创的学说，至少可以被认为是将意义建构的阶段性传递（作者先完成意义之建构，读者再进行意义之解读）变成了不同主体进入同一个意义空间所开展的建构活动。此种认知方式极大拓展了意义生产和建构的多样性和复杂性。就主体而

---

[1] 〔法〕罗兰·巴特：《罗兰·巴特随笔选》，怀宇译，百花文艺出版社2005年版，第297页。

[2] 同上注，第301页。

言，就不再仅仅是读者或作者，还将其他参与意义载体生产的个人或组织包括进来，如编辑群体等，就过程而言，注意到了意义生产中的多重因素，如宏观层面的政治、经济、文化等，中观层面的社会、观念、群体等，微观层面的此时、此地、此境。总之，罗兰·巴特围绕作者和读者的思考，引发了关于意义空间的后续关注。

当我们认为"意义"也可以构成一个空间时，围绕空间的既定认知便发生了松动，我们不得不重新回答和界定，何为空间？20世纪末以来，空间理论逐渐兴起，在社会、地理、文学等方面彻底革新了人们对空间的理解。列斐伏尔（Henri Lefebvre）将空间分为三个部分：心理空间、社会空间和物理空间。物理空间是人们直接能够观察到的空间，就像特定的城市或景观。列斐伏尔指出："空间是意义的体现，不是空洞的。"[①] 因此，物理空间不仅仅是人类活动的场所，而且具有深刻的政治和历史意义。社会空间是具有社会属性的空间。"社会空间是一种有效的控制、支配和权力手段。"[②] 人们的行为和他们的社会关系共同构成了社会空间。

"（社会）空间是（社会）生产的产物。"[③] 空间不是一个静

[①] 叶自亮、李晓滢：《从列斐伏尔空间理论角度解读〈喧哗与骚动〉中昆丁的形象》，《名家名作》2023年第10期。

[②] 同上。

[③] 〔法〕亨利·列斐伏尔：《空间的生产》，刘怀玉等译，商务印书馆2021年版，第40页。

态的物理概念，而是一个复杂且不断变化的社会概念。空间不仅是人类活动的场所，而且包含着深刻的政治和历史意义。空间不仅是各种社会关系的简单容器，而且是一种生产方式。它既是社会生产的产物，又是生产者。空间本身是由各种人类行为和社会生产过程形成的，但反过来，也会影响、改变甚至引导人们在社会中的行为。由此可见，现实生活建立在多重空间之上，无论是列斐伏尔所说的心理空间、社会空间、物理空间，还是意义空间、阐释空间等。

从范围上说，意义空间和阐释空间相等同，但二者因观察问题的角度差异而略显不同。意义空间更强调意义的建构过程，而阐释空间更侧重意义的解构（解释）过程。人文语义学中强调的对"语境"历史的考察，同时关注作为意义空间和阐释空间的语境，也即不仅考察意义的生产、建构过程，也兼顾意义的传播、阐释过程。就学术界现有的研究理路看，对意义空间的考察，多从文本本身入手，对语义分析的依赖程度高。阐释空间提出了"谁来分析"的问题，因不同的读者面对同样的文本，会做出差异化解读。当我们沿着阐释者的思路继续深究，便会发现"如何分析"不仅受到不同读者的影响，其背后更为本质的是读者所处的时代和背景。

既然阐释受到时代背景的影响，那么在进行阐释空间的考察时，就需要对"阐释者"或者说读者进行区分。作为研究者，我们对历史文本的分析，就至少存在两种进路。其一，作为现代读者对历史文本进行解读，比如以某种理论解析某种历史现象。当研究者用知识社会学的相关理论阐释民国时期的出版业时,解析出当时的书业繁荣既是对社会需求的回应,也在参与社会现实的建构。其二,站在历史上真实读者的位置解读当时的文本,此种路径与语文学一致,致力于清空研究者个人的既有认知,像一张白纸一样去阅读和分析历史上的文本,以追求其"原本的意义"。

柯文(Paul A. Cohen)的《历史三调:作为事件、经历和神话的义和团》(History in Three Keys: The Boxers As Event, Experience, and Myth)生动呈现了面对历史文本,研究者可以从哪些维度进行阐释。作为事件的义和团是历史学家对过去的重塑,是一种叙事化的历史。"作为事件的义和团代表的是对过去的一种特殊的解读,而作为神话的义和团代表的是以过去为载体而对现在进行的一种特殊的解读。"① 柯文对历史学家和神话制造者的阐释方式做了区分,"历史学家研究历史的复杂性、细微性和模糊性,而神话制造者往往以片面的观点看待历史,从历史中找出个别的一些特点、特性或模式,把它们当作历史的本质"②。柯文的这本史学理论著作,提醒了阐释空间中的四种模式:历史学家的叙事;历史亲历者的感受;历史亲历者的认知;历史学家的解读。

这种阐释空间或意义空间,与人文语义学所主张的语境高

---

① 〔美〕柯文:《历史三调:作为事件、经历和神话的义和团》,杜继东译,社会科学文献出版社 2015 年版,第 xiii 页。

② 同上注,第 iv 页。

度重叠。语境是意义赖以产生的背景,甚至可以说是语义生长的土壤,无时不在参与语义的生产、传播与使用。无论是由文化空间、社会空间还是由心理空间、物理空间等所构成的语境,都是人文语义学中语境的构成,也是在从事具体研究时所必须关注的解剖对象。

四、语境交叠的历史现场

人文语义学是一门关乎人类语际书写的学科,而语言的流变皆是历史沉淀的结果,故对历史纵深的考察是人文语义学的题中应有之义。那么这种历史性研究在人文语义学的视野下,应当如何开展?如上所述,语境参与了意义的生产、传播与使用,故对语义的考察便不得不回归历史上的语境。相较于我们沉浸其中的当下而言,历史上的语境更加丰富、复杂且不完整,对这种交叠、交错的历史语境之考察,更显困难重重。

历史语境是如何交叠或交错?不妨以中国近现代史上的"国民"为例加以说明。在"国民"这一观念词中,至少存在文化语境、社会语境和知识语境三重交错相叠的历史语境。

第一重是文化语境。文化语境是历史的基础,其中包含了语词语境。作为翻译词汇,"国民"在外来文化中是何含义,这种含义又是在怎样的社会政治、文化环境中产生。由语词向外拓展,文化还具备更为宏观的意指。当我们在进行文化语境审视时,对抗和冲突往往是需要特别关注的区域。比如在中国近代，就形成了中国与外国、传统与现代、精英与大众等文化空间。将观测的视野从国外转向国内，中国在怎样的状态下、从哪里引入和接受了"国民"？在语言的迁移过程中，进入中国的"国民"是否经历了不同文化的过滤。中国文化的"国民"接受史中，如何处理其与"臣民"等传统指称之间的关系。概言之，文化语境包括了语词语境、中西语境、传统与现代语境、精英与大众语境等。

第二重是社会语境。社会语境像文化语境一样被研究者熟悉，其与文化语境的一个不同，就在于对观念词语言符号的注重。在社会语境中，考察观念词的方式不再局限于对语言符号层面的拓展，而是将注意力放在表达相同或类似观念的语言符码群组上。"国民"在当时社会中使用的具体情况如何，是社会语境的考察内容。作为一种概念工具，不同的个人和群体都在从不同层面使用"国民"。梁启超所认为的"国民"与晏阳初设想的"国民"，虽大同，但仍有不容忽略的小异。比如对于民国政府而言，"国民"或"新国民"是建立政权的基础，只有将"臣民"教化为"国民"，才能建立真正的民主共和。对于致力于"除文盲，做新民"的中华平民教育促进会而言，"国民"更应注重民众综合素质的提升，不仅要具备高效、科学地从事生产劳动的能力，同时要能识文断字，具备一定的文化知识。

第三重是知识语境。随着人类社会的发展和进步，知识的重要性越来越凸显，形成了以知识为核心要素的社会形态——知识社会（knowledge society）。所谓知识社会，"是以知识经济为主体，强调借由知识的不断创新、积累、应用与分化，促进产业进步，引导个人、组织和社会的成长与发展"①。1994年，美国管理学家德鲁克（Peter F. Drucker）在《后资本主义社会》（*Post-Capitalist Society*）中指出，人类社会正在进入知识社会。知识是知识社会中的关键要素，弥散于社会生活的时时处处，维系社会的正常运转。知识社会的发展，激发了人们对历史上知识的浓厚兴趣，催生了学术研究的"知识"视角。当下境况正是照见过往历史的一面镜子，现代知识社会的繁盛、知识地位的不断提升，同样产生了学术研究的"后视镜"效应，重新启发和激活了知识史、知识社会史等研究方向，也照见了人文语义学中的别样风景。

作为知识单元的"国民"，如何被纳入中国既有的知识体系，"国民"如何从一个语汇，变成一个概念、一种观念、一股思潮，沉淀为文化和知识。此外，在不同的知识谱系中，又有何种变形。比如中华民国的知识社会建构中，如何将"国民"与"公民"关联，在中华人民共和国的知识建构中，如何建立了"人民"政权。从人类知识发展的横向、纵向、网络中，定位和解读"国民"。

综上，人文语义学所倡导的语境历史的考察，可在图1中的基本框架下展开：

---

① 陆雄文主编：《管理学大辞典》，上海辞书出版社2013年版，第382页。

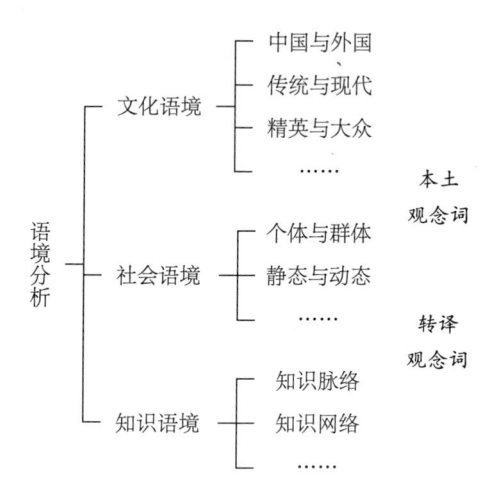

```
                  ┌─ 中国与外国
          ┌ 文化语境 ┼─ 传统与现代
          │       ├─ 精英与大众
          │       └─ ……        本土
          │                   观念词
   语境   │       ┌─ 个体与群体
   分析 ──┼ 社会语境 ┼─ 静态与动态
          │       └─ ……        转译
          │                   观念词
          │       ┌─ 知识脉络
          └ 知识语境 ┼─ 知识网络
                  └─ ……
```

图 1　人文语义学的语境分析模型

需要注意的是，语境历史的考察，并非仅在上述框架中，而是需要根据不同的观念词，或调整侧重，或根据社会历史现实进行拓展。通过这种对历史现场的回归，方能进入以观念词为抓手的人文社会科学研究。

第二节　人文语义学的中国学术传统研究方法

人文语义学在中国学术传统中有着深厚的根基，其发展深受经学、小学（文字学）、训诂学、诗学与文学批评、名家（逻辑学、辩证学）、佛教哲学与译经等多个学术流派和思想体系的影响。尤其是训诂学对词义深度分析和文化语境的理解、名家对语言精确性和概念界定的追求、经学处理抽象概念和哲学思想时的词义层层剖析等传统，塑造了现代人文语义学重视阐释经典、关注观念词以及重视批判与辩证的学术传统。人文语义学的历史源流反映了中国古代学术对人文语义学理论的深刻影响，其理论和方法论的发展融合了古代学术传统的深刻洞察力和细致的分析方法，为学者提供理解阐释历史文本深层含义的重要工具。其学术传统不仅提供了语义分析的方法论，还为理解观念词在中国传统文化、社会和哲学中的作用提供了深刻的洞见。

一、人文语义学的诠释传统方法

人文语义学的阐释传统与经学对儒家经典文本的文化背景深入分析有着直接联系。经学提供了一个理解语言在特定文化和历史背景下的深层结构的框架，人文语义学则借鉴其部分方法，发展出更加复杂和细致的理论体系，使得我们能够更加深入地理解语言的复杂性和文化的多样性。

在对经典的批判与文本的再创造方面，经学的发展历程展示了对经典文本的不断批判和再解释，尤其是经学的注疏体系，不仅解读原文，还添加了后来学者的理解和诠释，形成了一种多维度、多视角的文本解读方式。顾颉刚言："故十三经者，汇合周代之文献，儒家之学说，经师之解释而成者也，中国二千余年来之文化莫不以此为中心而加以推扬，欲明了中国文化之根核者，必于此求之矣。"[1] 经学思想的动态性与人文语义学对文本意义的不断重新构造和解释相呼应。

经学不仅是对《春秋》《礼记》等经典的字面解释，更涉及对文本中隐含意义的深层次挖掘。经学阐释《春秋》《礼记》等在语义层面上的深入解析，体现了对语言精确度和上下文依赖性的重视。这些文本中对词语细微差别的关注，是早期语义学研究的重要源泉。郑玄、王肃、何休、孔颖达等历代经学学者对"仁""义"等关键概念的多层次解释，展示了其在理解和解释哲学概念中的应用。另如对《周易》的解读不仅关注其占卜的实用性，更深入到其所蕴含的哲学思想和宇宙观，这种多层次的解读为理解语义的复杂性提供了早期模型。故章学诚曰："六经皆史也。古人不著书，古人未尝离事而言理"，何谓"古人未尝离事而言理"，释曰："盖道不离器，犹影不离形，离器而言道，是犹离形而求影，此天下所必无者，故云古人未尝离事而言理。"[2] 经学治史要回归具体历史事件与背景中理解，而人文语义学所关注的也不仅是语言本身，更重视语言如何在特定文化和历史背景中构造和传达意义。

---

[1] 顾颉刚：《顾颉刚古史论文集》（卷7），中华书局2011年版，第263页。
[2] ［清］章学诚著，叶瑛校注：《文史通义校注》，卷1《内篇一·易教上》，中华书局1985年版，第4页。

二、人文语义学的释字传统方法

人文语义学重视对观念词意义的解释，这源自中国传统文化中的"小学"传统。特别是训诂学对古代汉语中的隐喻、比喻以及象征意义的分析，为现代人文语义学提供了深度语义分析的范例。因此，小学不仅为人文语义学的发展提供了基础工具和方法论，而且在哲学和文化层面上与人文语义学有着深刻的历史渊源。

首先，小学的基础研究为人文语义学提供了语言的原始材料。通过精确地分析汉字的音、形、义，特别是对多义词和古义词的讲解，古代的学者建立了一套系统的语言分析框架。通过分析古代文字的演变和变化，小学中的训诂学帮助后来的学者们理解词义、语法和语用的变化以及语言的发展过程。从汉代的《说文解字》到唐宋时期的训诂学，逐渐形成了一套系统的方法论，包括字义的考据、语境分析以及对古文的比较研究。孙星衍言："《说文》不作，几于不知六义。六义不通，唐虞三代古文不可复识，五经不得其本解。"[①] 这种对语言基础元素的深入理解为后来的人文语义学研究奠定了坚实的基础。对字义的细致分析不仅揭示了单个字词的含义，还展示了语义的演变和文化背景下的意义变化。尤其是训诂学通过比较不同文献中

---

① ［汉］许慎撰，陶生魁点校：《说文解字》，中华书局2020年版，第1页。

同一字词的使用，揭示了语义的变化和发展。这种比较研究方法不仅是人文语义学研究的重要方法，也为理解语言如何在不同文化和历史背景下传达意义提供了重要线索。

其次，小学的研究强调了语言与中国传统文化的密切关系，这一点在人文语义学中被进一步扩展。人文语义学不仅关注语言结构和意义，还探究语言如何在特定的文化和社会背景中构建和传达意义。小学对于古代文献中字词的精确解读，实际上反映了一种对文化传统和社会价值观的深入理解，这与人文语义学中对语言在文化构建中角色的研究不谋而合。最后，小学对于语言规范和标准化的重视，为人文语义学中关于语言变异和语境依赖的理解提供了重要的历史视角。小学的起源与发展紧密与汉代儒学复兴和官方对文献标准化的需求相关联。在汉武帝推崇儒学的背景下，对经典文献的正确理解和解释变得至关重要。王阳明曾言："昔人多有为一字一句所牵蔽，遂致错解圣经者。"① 这种需求促使了像许慎这样的学者编纂《说文解字》，不仅将其作为解释字义的工具，更体现了对汉字演变历史的系统性研究。这些研究不仅涉及语言学的技术层面，而且反映了深层的哲学和文化观念，例如通过对字形演变的研究，反映了天人合一的宇宙观和儒家思想。

再次，通过维护语言的规范性和一致性，小学为中国古代

---

① ［明］王阳明撰，吴光、钱明、董平、姚延福编校：《王阳明全集》，浙江古籍出版社 2010 年版，第 209 页。

的文化和学术传统提供了一种持久的内在连续性。人文语义学探讨的是语言如何在不同的语境中被理解和使用,而小学对古代汉语规范的研究,实际上是对语言在不同时代和社会环境中如何保持一致性和连贯性的早期探索。这种对文字和语言精确理解的追求,不仅保证了文献传承的准确性,也为文学、历史、哲学等学科的发展提供了坚实的基础。更进一步地,小学对于诗歌和文学创作的影响也不容忽视,它提供了理解和运用语言的精细工具,使得文学作品能够在复杂的象征和隐喻中传达深远的意义。

小学在语言基础研究方面的贡献,不仅为人文语义学的发展提供了重要的理论和方法论基础,也为理解语言在文化和社会构建中的作用提供了丰富的历史资源。小学不仅仅是对文字形态的研究,更是对语言本质和表达深层意义的探索。这种探索与人文语义学之间存在着深刻的联系,因为后者致力于理解语词如何表达和构造人类经验和文化现象。

三、人文语义学的批判与辩证传统研究方法

名家对传统观念的批判和对概念的重新解释,促进了批判性和创新性思维的发展,这对于现代人文语义学中对传统理论的质疑和新理论的建构尤为重要。名家对语言精确性和概念清晰度的追求不仅在哲学上具有重要意义,也为人文语义学的发展提供了重要的理论资源和分析工具。

在语言逻辑与思维方式方面，名家对语言和逻辑的探讨，特别是对语言表述中的逻辑关系和悖论的分析，为理解语言在思维构建中的作用提供了早期理论基础。名家的辩证法实际上是一种早期的逻辑学形式。名家通过其独特的辩证方法，对存在论进行了深刻的探讨。例如，公孙龙的"白马非马"论题实际上触及了分类学和本体论的根本问题，即如何定义和区分实体及其属性。他们对概念的精确分析和语言表述的严格逻辑，奠定了古代中国逻辑学中形式逻辑和论证分析的基础，这种分析方式是人文语义学中的逻辑语义和认知语义领域的历史源头。名家的思想对语言哲学，尤其是关于语言、思维和现实之间关系的探讨产生了深远影响，其理论促进了传统学者对语言如何构建和反映现实的深入理解，是语言哲学中的一个核心议题。

名家特别注重辩证方法，这不仅包括对概念的界定和辨析，还涉及对语言表达中的矛盾和歧义的深入探讨。例如，惠施的"同异辩"探讨了事物的相对性和语言表述的复杂性。他提出的"大同小异"理论："至大无外，谓之大一；至小无内，谓之小一。无厚，不可积也，其大千里。天与地卑，山与泽平。日方中方睨，物方生方死。大同而与小同异，此之谓小同异；万物毕同毕异，此之谓大同异。"[1]其中暗含着语言在表达时的模糊性和不确定性，这对于理解语义学中词义的流动性和语境

---

[1] 蒋门马：《庄子汇校考订》，巴蜀书社2019年版，第230页。

依赖性具有重要启示。

在概念分析的深度方面，名家对概念界定的严谨态度，特别是在处理抽象概念和逻辑分类时的细致入微，为人文语义学提供了一种深度概念分析的历史传统。名家对古代语言和概念的深入探讨，为语义认知的发展提供了理论基础。语义认知关注语言如何映射人类的认知结构，名家的理论特别是对概念的界定和分类，与认知语义学中对概念结构和范畴化的研究相呼应。这种分析模式在人文语义学中尤其重要，特别是在处理复杂和模糊概念时。如公孙龙的"白马非马"论，是对语言分类和概念界定的一次深刻探讨，他通过对"白马"和"马"概念的分析，展示了语言在概念划分和定义上的复杂性，这对于人文语义学中对概念边界和语义范畴的研究具有重要的历史价值。

名家与人文语义学之间的历史渊源不仅体现在对语言精确性和概念清晰度的追求上，还反映在对语言、思维和现实之间关系的深刻理解上。名家的思想为人文语义学的理论构建和方法发展提供了宝贵的历史资源，特别是在提高语义分析的严谨性和深度，以及增强语言批判和创新性思维方面。

人文语义学的历史源流是一个跨越了数千年的复杂学术历程，其根基深植于丰富多样的中国古代学术传统中。从名家到训诂学，再到经学，每一学术流派都对人文语义学的发展做出了独特且重要的贡献。训诂学，作为专注于古文献文字的解释和阐释的学科，为人文语义学的词义深度分析和文化语境理解提供了基础。它的方法论，特别是对字词的音、形、义的分析，以及在不同文献中对同一字词使用情境的比较研究，为理解语言的多层次意义提供了重要工具。名家，特别是其对语言的精确性和概念界定的追求，对人文语义学的逻辑结构和意义建构产生了影响。名家思想中对语言、思维和现实之间关系的探讨，为现代语言哲学和认知语义学的发展提供了理论基础。经学的深入解析展现了人文语义学的早期形式，尤其是在处理抽象概念和哲学思想时的词义层层剖析。儒家对文本在特定历史和文化背景下的理解与名家哲学中的语言相对性和局限性思考，共同为理解语言在更广泛文化背景中的运用和发展提供了范例。这些学术传统共同构建了人文语义学的理论框架和方法论。它们不仅在技术和方法论层面为人文语义学提供了支持，而且在哲学和文化层面与人文语义学展开了深刻的对话。通过这种跨时代的学术对话，我们能够更加深入地理解语言的复杂性和文化的多样性，以及文本如何在不同文化和历史背景中构建和反映人类的思维和世界观。

第四章 人文语义学的研究理路与学科特性

第四章　人文语义学的研究理路与学科特性

在人文语义学研究中，通过理解观念词、分析经典文本的核心话语是重要的研究理路；从语境与语义、解构与重构、反思与批判等方面进行文本的多维度解读，则能够重新审视传统观念、思维方式和社会制度的价值和局限，丰富中国学术话语体系的学理内涵；聚焦人类思想与精神世界的重大问题进行的跨学科对话，则可以促进中国学术话语与国际学术话语的对话与交流。

第一节　人文语义学的研究理路

概念是学术话语体系构建的基础，"概念即历史"[①]。概念研究，尤其是阐释学术思想的观念词是人文语义学研究的切入点。人文语义学关注观念词的形成和演变，这为理解和构建中国学术话语中的术语和概念提供支撑。通过人文语义学的研究与实践，界定经典文本中思想观念的关键词、核心概念以及重点术语范围，揭示其背后的历史、文化和思想内涵，对于加深理解中国学术话语体系、丰富和拓展中国学术话语的理路、提升学术思维的深度和广度，有着重要的理论价值与现实意义。

[①] 孙江：《人种：西方人种概念的建构、传布与解构》，江苏人民出版社2023年版，第12页。

一、理解观念词与分析经典文本

人文语义学关注概念建构、语义分析、背景阐释等，理解观念词与分析经典文本是研究的起点。从观念词、核心概念与重要术语出发，这就为分析经典文本中的语义、思想以及文化的表达等提供了学理线索。理解人类思想和精神世界离不开思想观念中的关键词，索绪尔认为："从心理方面看，思想离开了词的表达，只是一团没有定型的、模糊不清的浑然之物。哲学家和语言学家常一致承认，没有符号的帮助，我们就没法清楚地、坚实地区分两个观念。思想本身好像一团星云，其中没有必然划定的界限。预先确定的观念是没有的。在语言出现之前，一切都是模糊不清的。"[①] 所以人类思想与精神世界探索的基础也是从词开始。

语义学重视探索概念的多义性、词汇的联想意义和词汇之间的语义关系，包括词语的词源研究、义项辨析和语义网络的构建，以深入理解词语的复杂意义和多重语义。但人文语义学中的关键词研究并不是单一词汇的意义分析，其本质是观念词研究，是以观念词为线索，分析经典文本进而阐释思想演变的研究。在关键词研究中，"没有一个语词可以个别独立，因为它必然是语言社会化过程的一个要素，并且它的用法由语言体系

[①]〔瑞士〕费尔迪南·德·索绪尔：《普通语言学教程》，高名凯译，商务印书馆1980年版，第157页。

（虽然会有变化）的复杂特性来决定"①。而在人文语义学研究的观念词研究中，语词是经典文本中代表思想观念的核心词汇。单一观念词不能从文本的语境中脱离，词语的意涵必须视实际的思想与社会的语境而定。

一直以来，"人类借助语词来表达自我、沟通他者，而人文的历史便沉淀于这些语词之中"②。所以，观念词受特定历史场景、文化观念、社会背景的影响，因此考察其文化背景、思想演变和历史内涵，也必然涉及观念词在经典文本中的语义演变和文化转变，以及在文本特定思想与语境中的象征意义、符号价值和文化隐喻。福柯曾说："如果观念、事物、认识、情感都碰巧发生了变化，那么，语言也只能发生变化，而且语言发生的变化恰恰与观念、事物、认识、情感发生的变化成比例。"③因此，理解观念词之间的逻辑关系，是深入探讨观念之间的联系和区别的基础，这可为学术研究和思维创新提供理论和方法支持，并为分析文本背后的社会观念、价值体系、情感取向和认知标准提供基本框架。

中国学术话语体系的形成是一个历史演进的过程，其中概

---

① 〔英〕雷蒙·威廉斯：《关键词：文化与社会的词汇》，刘建基译，生活·读书·新知三联书店2016年版，第38页。

② 张宝明：《人文语义学：一门关乎人类语际书写的知识体系》，《探索与争鸣》2023年第3期。

③ 〔法〕米歇尔·福柯：《词与物——人文科学考古学》，莫伟民译，上海三联书店2016年版，第241页。

念的语义变化是这种历史演进的组成部分。人文语义学视角下的理解观念词、分析经典文本，可以帮助我们追溯代表时代观念的词汇在中国学术话语体系中的意义演变，并解读不同历史时期和文化背景下文本中所蕴含的思想，这有助于我们理解中国学术传统的复杂性和多样性。比如通过深入研究中国学术话语体系中最具代表性的"道""理""仁"等的核心概念，理解核心概念的历史性、语境依存性和语义网络，可以深入理解中国传统思想观念的形成和演变过程，理解中国学术传统的独特性。尤其是通过研究观念词的历史变迁、语义扩展和语义变化，揭示中国传统思想谱系、伦理观念、文化思潮等等的变迁。

通过观念词研究与概念分析，人文语义学为文本的解读提供更深入的视角和方法。这有助于丰富语言表达的层次和维度，同时也为文化研究、语言教育和跨文化交际提供理论基础和实践指导。

二、解读文本与反思观念演变

人文语义学认为文本撰述受历史语境影响，"需要研究者回归撰述者的书写动机、知识背景、思想谱系、文化语境与历史场景，具体分析、考辨与理解文本的语义"[1]。因此在解读文

---

[1] 闵祥鹏：《人文语义学视角下的历史事实与文本真实》，《探索与争鸣》2023年第3期。

本时，必须考虑文本所处的时代、环境和文化背景，从语境与语义、解构与重构、反思与批判等方面进行文本的多维度解读，挖掘文本的隐含意义、文化内涵和思想观点。

通过将文本置于历史语境中进行解读，以此更好地理解文本的意义和所传达的历史信息。历史唯有在文本中再现之后才能被认识。虽然历史不是文本，但它只能以文本的形式接近我们，我们对历史和现实本身的接触必须先将它文本化。① 语义学强调对文本语义的分析，包括词语的语义、联想意义和语义关系。而人文语义学则是以观念词为支点，通过解读文本中的语义内涵，了解文本所表达的历史思想、历史事件和历史人物的形象塑造，深入反思历史文本和历史叙述中所包含的观点、立场和价值，在对历史事件、文化现象和社会经验进行批判性思考的同时，丰富中国学术话语体系的学理内涵。

在人文语义学的视角下，历史反思关注历史事件和文化现象的语义含义、语境影响，揭示重大历史事件与中国学术话语体系形成演进的互动关系。历史语义的反思还可以帮助学者审视传统观念、思维方式以及社会制度的价值和局限，促进中国学术话语体系的发展和进步。

在文本解构与历史建构方面，人文语义学关注文本的解构和分析，以揭示其构建历史意义和历史叙事的方式。通过分析

---

① 〔英〕乔·莫兰：《跨学科——人文学科的诞生、危机与未来》，陈后亮、宁艺阳译，南京大学出版社 2023 年版，第 145 页。

文本中的叙述结构、修辞手法和叙事策略，可以深入理解历史文本的建构过程，以及历史叙事对历史事件和历史人物的诠释和解读。进而通过历史反思，引发对当代的思考和对现实的批判。通过对历史文本解读，既可以反思历史中的决策、事件和价值观，也可以分析历史所传递的经验教训，对当代社会、文化现象进行深入思考，并对历史规律和文明进程进行反思和借鉴。

通过文本解读与历史反思，人文语义学提供了一种深入理解历史文本和历史意义的方法论。它通过对文本的语义分析和对历史语境的思考，提供反思历史和回应当代世界问题的独特视角。

三、聚焦问题与跨学科的对话

人文语义学的跨学科的特点，并非仅仅是多种方法的交叉运用，而是学科理念之间"求同存异"的对话，这种对话是基于学科基本理论、核心概念以及认识论的思想交流与互动。"从学科学术到问题意识，从问题意识到问道意识，这是人文语义学所走的一条跨学科实践路径，更是这一学科的旨归所在。而正是在这一旨归的意蕴上，我们也更愿意以精英、文本与对话三个要素为支点开始孜孜不倦地追求。毕竟，精英的思想是辐射、影响并引领一个社会时代的关键因素，而文本则是支撑、孵化直至落定时代元素的依据。在此基础上的阐释才是人文反思、批判乃至前瞻的心灵对话的根本。"①所以说，对话是人文语义学跨学科研究的基本理念与根本前提。在通常意义下的语义学的跨学科研究与学科交叉指的是在学术研究中跨越学科边界，借鉴不同学科的理论、方法和观点，例如，与文学、历史、社会学、哲学等学科的交叉研究，可以探索学术话语的文化渊源、历史变迁和社会背景。或者结合社会学的调查和研究数据，分析特定社会群体的语言使用习惯、词汇偏好等，进一步理解社会背景对语义的塑造。

人文语义学的跨学科则是以问题为起点，回归问道意识的跨学科，并非包罗万象的综合体。"一方面，它是对全面总体性知识的传统探索的一部分；另一方面，它代表了对知识本身的性质以及我们组织和传播知识的方式所进行的更彻底的质疑。从这个意义上说，跨学科研究与认识论——对知识本身的研究——相互关联，它们往往都聚焦于现有学科无法应对或解决的问题上，而不是寻求一个包罗万象的综合。"②人文语义学强调的跨学科对话，并非仅仅借鉴不同学科的理论框架和概念。人文语义学的跨学科主要通过学科之间核心思想、方法论与认识论的对话交流，在理论借鉴、学科融合、方法论整合、知识交流、学科合作、思维创新等方面为学术话语体系之间的沟通

---

① 张宝明：《人文语义学的限度及其可能性》，《中华读书报》2024年1月31日。
② 〔英〕乔·莫兰：《跨学科——人文学科的诞生、危机与未来》，陈后亮、宁艺阳译，南京大学出版社2023年版，第16页。

带来新的视角和思考方式，获得学科之间全面、深入的认识和理解，打破学科孤岛，丰富中国学术话语体系的知识储备和研究视角，学科交叉有助于打破学科之间的壁垒，促进学科融合和学术创新。

人文语义学的跨学科研究可以结合定性和定量方法，运用文本分析、实证研究等多种方法，但并非仅仅整合不同学科的研究方法和技术，而是聚焦人类思想与精神世界的核心问题，进行两个或多个学科的理论对话，尤其是通过深入理解不同学科话语下对同一问题的多维解答，为学术话语体系提供多样化的研究角度和理论视角，从而为中国学术话语体系提供具体案例和实证研究。

一般而言，研究设计的合理性和方法的有效性对于跨学科研究的成功至关重要，但人文语义学视角下的学科交叉更强调不同学科之间的知识共享和合作，促进学科之间的互动与合作、学科的交流与创新以及知识的跨界流动。人文语义学的跨学科研究重视理论创新和学术发展。一方面，通过跨学科的视角和方法，突破传统学科的限制，探索新的研究领域和问题，提出新的理论观点和思想解释，推动学科的发展和学术思想的进步；另一方面，通过跨学科研究与学科交叉，人文语义学提供了一种开放、综合的研究视角，可以促进学科之间的交流与合作，丰富学术研究的内涵与深度，推动学科的创新和发展。

正是因为人文语义学的跨学科研究基础是开放性的学科对话，所以能够推动中国学术话语体系与国际学术话语体系之间的交流。许多学科话语是有学科边界的,"一旦学科确立了自己的地位,它就会发展既得利益,捍卫自己的领土,并通过特定类型的话语强化自己的排他性。'话语'是一个复杂的词,在人文和社会科学中有多种用法。……学科显然是一种话语建构,因为它们的权力安排许可某些思维和运作方式,同时排除其他方式"①。但是人文语义学的跨学科是为了推动不同学科之间的话语交流,因此其开放性与思想性也就决定了对话的前提必然是"寻异"而"求同"。随着全球化的发展,学术研究已经越来越倾向于跨国界、跨文化的合作与交流。所以聚焦人类思想与精神世界的人文语义学研究,是可以通过与国际学术界的语义跨学科研究,实现中国学术话语体系与其他学术体系的对话,吸收其理论观点和研究方法,不断丰富和完善自身的研究内容和表达方式。

总之,通过人文语义学的参与,中国学术话语体系可以更加深入地挖掘自身的独特性和价值,提升学术研究的深度和广度,丰富学术思想的内涵和表达方式。同时,人文语义学也可以促进中国学术话语与国际学术话语的对话与交流,加强学术界的互动与合作。

---

① 〔英〕乔·莫兰:《跨学科——人文学科的诞生、危机与未来》,陈后亮、宁艺阳译,南京大学出版社 2023 年版,第 15—16 页。

第二节　真实性：历史事实与文本真实

人文语义学是理解史实、文本的重要方法与途径。历史文本书写是否反映历史真实，一直以来被认为是历史研究的基本问题或根本问题，而真实性是人文语义学的基本属性之一。从人文语义学审视历史与文本，则两者都是真实与客观的存在。即人类历史是真实发生的客观现实，历史文本也是真实、客观的记录。既然两者都是客观存在的，那么为何会有"客观的历史并不存在"[1]的学界论争，以及历史文本需要"去伪存真"的研究方法？从人文语义学角度分析，其原因关键在于语义理解的偏差，虽然历史事实与文本遗存都是客观的存在，但撰述者的书写与解读者的阐释都是主观的思考。所以，撰述者有意识或无意识造成的歧义，必然引发解读者有意识或无意识的理解偏差。由于各自理解的分歧，必然带来历史文本难以指向或者解释其所对应的历史事实，而这就需要研究者回归撰述者的书写动机、知识背景、思想谱系、文化语境与历史场景中具体分析、考辨与理解文本的语义。[2]

---

[1]〔英〕E. H. 卡尔：《历史是什么？》，陈恒译，商务印书馆2007年版，第4页。

[2] 闵祥鹏：《人文语义学视角下的历史事实与文本真实》，《探索与争鸣》2023年第3期。

一、历史事实与文本真实的人文语义学解读

文献史料是历史研究的基础，但从训诂学、考据学到现代史学的史料分析，都强调文本真伪的辨析。一般而言，历史是人类发展过程的客观事实，人类对历史的记录也清晰存在于文本中，为当代人所查阅。但为什么自古及今依然有众多学者在质疑历史的真实性？其实，学界探讨所谓的"历史真实性"，实际上是学者对历史书写真实性或历史叙事真实性的质疑。汤因比（Arnold J. Toynbee）曾说："历史同戏剧和小说一样是从神话中生长起来的，神话是一种原始的认识和表现形式……在其中的事实和虚构之间并没有清晰的界限。举一个例子来说明，有人说对于《伊利亚特》，如果你拿它当历史来读，你会发现其中充满了虚构，如果你拿它当虚构的故事来读，你又会发现其中充满了历史。所有的历史都同《伊利亚特》相似到这种程度，它们不能完全没有虚构的成分。"①陈寅恪也提到："以中国今日之考据学，已足辨别古书之真伪。然真伪者，不过相对问题，而最要在能审定伪材料之时代及作者，而利用之。盖伪材料亦有时与真材料同一可贵。如某种伪材料，若径认为其所依托之时代及作者之真产物，固不可也。但能考出其作伪时代及作者，

---

① 〔英〕阿诺德·约瑟夫·汤因比：《历史研究》上，曹未风等译，上海人民出版社1997年版，第55页。

即据以说明此时代及作者之思想,则变为一真材料矣。"[1]可见陈寅恪认为伪史料中有真历史,史学研究要"去伪存真"。历史记录带有撰述者的主观倾向、时代局限,以及其所观察、理解、叙述视角的差异等,所以似乎历史记录是虚假的。但如果连历史文本都是虚假的记录,那么研究历史的意义与价值又何在呢?如果文本是虚假的,那么后人又能从何处解读探寻历史事实?

长久以来,史由证来、证史一致,论从史出、史论结合,都是史学研究的基本方法。史料当然是记录历史基础资料,但是问题的关键在于在史料与历史事实之间,应重视人的主观性记录与主观性解读。这里的"人"指的是文本的撰述者、解读者对同一史料的理解与阐释。其实文献史料根本不存在真伪问题,如果史料不是真实存在的,我们怎么能阅读它?从存在性而言,它是真实存在的资料,解读者方能阅读、理解与阐释。从文本书写者角度而言,文本也是撰述者试图表达真实目的和想法的记录,比如中国历史文献研究的最大争议之一——《尚书》今古文真伪之争。今古文都是客观存在的文献,但所谓"伪书"的古文《尚书》,其真实目的是"托古传道",并不是后世研究者所理解的先秦史实。如果按照两千年来的真伪之争,古文经自然是伪书,不能反映历史事实,但如果按照"托古传道"的意图去理解作者撰书动机及思想,那么其仍有重要学术

---

[1] 陈寅恪著,陈美延编:《陈寅恪集·金明馆丛稿二编》,生活·读书·新知三联书店 2001 年版,第 280 页。

价值。再如历史上出现的一幕幕所谓"历史制造"与"族群记忆",其可能不是表面文字记录的"历史事实",但也都能反映出撰述者的政治目的或凝聚族群的另一历史面向。

所以此类文本所谓造伪、虚构、避讳、粉饰、隐喻、虚妄失实、以讹传讹或断章取义,都是撰述者有意或无意制造的歧义。从人文语义学视角而言,以上也是真实历史的一幕。① 其中多数"书写歧义"甚至是某一社会思潮、某种特定群体立场、某些历史侧面的客观反映,只不过需解读者考辨其文本指向,进而在语境与语义中理解其表达的历史事实。

二、撰者的表达歧义与读者的理解偏差

撰者表达上的歧义与读者分析时的理解偏差,不仅仅在历史研究中屡见不鲜,即便在历史事实与文本真实的争议中也频频出现,而人文语义学则提供了解读或破解此类问题的新视角,比如"客观的历史并不存在"这一经典命题的学术论争。

该论争源自英国学者卡尔在《历史是什么?》中引用乔治·克拉克的结论:"there is no 'objective' historical truth"②。"truth"有事实和真理等含义,此处就出现了第一个语义误解,译者对

---

① 闵祥鹏:《人文语义学视角下的历史事实与文本真实》,《探索与争鸣》2023年第3期。
② 〔英〕E. H. 卡尔:《历史是什么?》,陈恒译,商务印书馆2007年版,第88页。

同一句话给出了不同的翻译："不存在'客观的'历史事实"和"不存在'客观的'历史真理。"在中文语境与语义中，"历史事实"和"历史真理"并非同一概念，两者有着明显区别。接下来在埃文斯为该书撰写的《导言》中则是这样表述的："他（卡尔）大胆地宣称'客观的历史并不存在'"[1]，该句更广为学界熟悉引用，甚至被反复批驳。如果按照该观点，而不结合全文语义以及卡尔撰述的思想状态、时代背景，很容易将其理解成不值一驳的怀疑论观点。实际上，卡尔在书中的表述是："这等于是纯粹的怀疑主义，就像弗劳德认为的，历史是'孩子的字母盒，只要我们愿意，就可以拼出任何单词'。柯林武德反对'剪刀加糨糊的历史'，反对把历史仅仅当作是编辑事实的观点所带来的后果是很危险地走向另一个极端：把历史当作是人脑中编织出来的东西，这又走回到我先前引用的乔治·克拉克爵士段落中的结论：不存在'客观的'历史真理。"[2] 可见，首先该观点并不是卡尔提出的，而是他引用乔治·克拉克的观点；其次至少从这段文字而言，卡尔不仅反对弗劳德拼凑历史，而且也在反思柯林武德谈到的编辑历史，甚至更加反对将历史视为人脑编织出的东西。卡尔在此处主要谈历史学家书写的事实是否反映历史事实。

从原文"there is no 'objective' historical truth"开始，再到翻

---

[1] 〔英〕E. H. 卡尔：《历史是什么？》，陈恒译，商务印书馆2007年版，第4页。

[2] 同上注，第111页。

译成中文后的表述"不存在'客观的'历史事实"或"不存在'客观的'历史真理",或者埃文斯在《导言》中介绍其观点"客观的历史并不存在",解读者都在一步步产生话语歧义,最终有意无意间给读者造成了"客观的历史并不存在"的理解偏差。所以,语义被一步步错误理解或引证,成为加剧歧义的原因之一。国内学者在引证此观点时,所造成的话语歧义与理解偏差亦不乏其例,如有学者谈道:"任何史籍都必采取一个观点,而那个观点都必是作者个人的观点,所谓'客观的历史'并不存在。"① 其实该学者并非承认客观的历史不存在,而是与卡尔想表达的观点类似,是指绝对客观的历史书写并不存在。又如"我们说不存在客观的历史事实,所有的历史事实都是一种建构的结果"②,历史事实都是曾客观存在过的历史过程,人类无法穿越到过去,不可能建构历史,所以结合文中语义,作者表述的是后人可以通过书写建构阐释某段历史。再如"现代历史学的一个重要成果便是发现'纯粹客观'的历史并不存在,既往的历史总是与当下的遭遇,与主观心灵的体验紧密相关。历史最终都是由今天的人来'书写'的,没有了'当下',没有了'主体',也就没有了被书写的'历史'"③,现代历史学的重

---

① 朱光潜:《艺文杂谈》,安徽人民出版社1981年版,第141页。
② 陈新:《态度决定历史:后现代主义状况下的历史学》,载苏智良、陈恒编:《欧洲历史与世界文明讲演录》,商务印书馆2013年版,第51页。
③ 李怡:《发现现代中国文学史料的意义与限度》,《现代中国文化与文学》2017年第1期。

要成果怎么可能是发现了"纯粹客观"的历史并不存在?其实作者此处想表达的观点可能是"纯粹客观"的历史书写并不存在。以上学者所言"不存在客观的历史事实",其实想表达的是"不存在客观的历史书写"。可见,从卡尔引用乔治·克拉克的结论开始,部分学者引用其结论时有意或无意间混淆了"历史事实"与"历史书写"两个不同的概念,使得该观点被简化为"客观的历史并不存在",而此处的"历史"又往往被读者理解为"历史事实",而非卡尔试图表达的"文本书写",那么按照"客观的历史事实并不存在"来理解卡尔的观点,必然导致读者对该观点的理解歧义,也直接抹杀了历史事实的客观性。

所以如何理解"历史事实"与"文本真实"之间的关系?人文语义学可以尝试进行一些初步探索。在人文语义学视角下,历史文本不存在真伪之别,所有历史文本是客观的、真实的记录。撰述者在书写历史时,固然有主观性介入,但一旦著述完成,它就是客观存在的记录,也是撰述者思想的概括与总结,还是后世理解其时代、思想的文本来源。毕竟,在历史事实与文本记载都是客观存在的前提下,我们才能研究历史、解读文本,并尽可能触摸到历史真实的某个侧面。

既然历史事实与历史文本也是真实客观的,为什么历史文本不能完全反映历史事实?前人撰述历史,后人理解历史并阐释历史,研究中唯一具有主观能动性的是人,即历史的书写者与后世的解读者。所谓的"真伪"或者造成"真伪"问题的也只能是人。由此而言,不同的书写者与解读者对文本语义的理解分歧才是"历史文本不能完全反映历史事实"的根本原因，如部分学者没有区分"历史""历史事实"与"历史书写"的概念差异，必然会给读者带来语义理解的错误。所以对于同一段文本语义，解读者理解的语义与撰述者意图表达的语义并不一致。两者的理解偏差，必然造成撰述者书写的历史文本不能反映解读者认为的历史事实。另一方面，解读者如果简单化理解历史事实，即误认为撰述者所记载的某段历史文本就是表面文字所表达的历史真实，自然也会纠结于历史真实与文本真实的论争。所以所谓的"真伪"都是源自作者有意无意的语义"表达歧义"和解读者有意无意的语义"理解偏差"。

如何破解撰述者的表达歧义与解读者的理解偏差？对于撰述者而言，首先要厘定核心概念与关键术语，对重要的关键词要界定范围，这是撰述者与解读者进行文本互动的前提和基础。冯天瑜教授曾指出："在从事语义学研究的过程中，由于词汇众多，由字通词，由词通道。在研究之中要抓关键，关键词研究可能是整个文化史研究的重要通道与入口。"[①] 其次要准确运用核心概念和关键术语，避免歧义和误解。对于解读者而言，首先要分析撰述者的撰述目的、思想理路、语言风格、社会背景、政治倾向等，从中理解撰述者的思想与心态。其次，辨析文本主题、语义与语境，确定文本指向。在此可通过多种文献、多

[①] 冯天瑜：《语义学：历史与文化的投影》，载《人文》第9卷，中国社会科学出版社2023年版。

重证据，厘清撰述者在文本中试图表达的真实意图，而非将文字记录的历史事件直接认同为曾经发生的历史事实。最后，在理解撰者的编撰意图、文本的语义内涵及文本指向后，回归历史场景与社会背景中，结合文本的上下文与主题，探究解读撰述者文本中所表达的历史事实。最终，消弭撰述者对文本语义的表达歧义或解读者对文本内容的理解偏差。

总之，人类历史是真实发生的客观现实，文本史料是历史研究的基础，这些是史学研究的基点。所以在人文语义学的理论框架下，历史过程是真实、客观的存在，历史文本也是真实、客观的记录，但一段历史过程和记录该历史过程的文本是有区别的。人文语义学中的文本真实，是指任何文本都是该段历史历时性的真实记录，即该段历史在不同时期被文本书写者叙述的真实记录，也是该段历史某个面向的文本表达与历史真实，但绝不是历史事实的全面内容。历史过程是客观的、多面向的时空进程，历史文本则来自撰述者主观的、某个面向的思想表达。所以对于过去的历史，解读者只能通过多种文本记录、多重证据方能尽可能全面地接近史实，在文本解读中，更需要解读者在语境与语义中回归撰述者立场、角度及其人文场景中，方能理解撰述者的文本指向及其反映的那些历史面向或历史事实。

第三节　交互性：文本书写、语义解读与历史互动

　　文本是交织着精神世界与现实世界的记录，文本书写则蕴含着理性思考与感性表达双重内涵，使语义呈现出多重指向与复杂意蕴。人文语义学从传统语义学语法分析等工具理性入手，回归人类思想与世界对话的价值理性。在语义解读中，以问题意识为切口，关注人类精神世界对现实世界的认知反馈，阐释矛盾与统一的历史观念。人文语义学与传统语义学大多是基于文本的研究。传统语义学关注语言的句式结构与语法分析，"一方面，作为语言学的一部分，语义学关心的是词义及其演变；另一方面，作为哲学的一个分支，语义学关心的是符号的指称问题"[1]。语义学是工具化、学科化的语言学或哲学的分支。然而，人文语义学虽然立足于科学范式的语词阐释，但更多关注人文范式的语词解读，注重人类精神世界对现实世界的认知反馈，以此理解人性、思想与世界。

一、在理性与感性之间分析文本书写

　　文本是人文语义学研究的基础材料，来自个体的书写记

---

[1] 汪民安主编：《文化研究关键词》，江苏人民出版社2019年版，第524页。

录，反映的是人类精神世界对现实世界的认知反馈。个体记录中有感性的表达，有理性的思考。因此，与语义学关注语句分析不同，人文语义学在选择研究对象时，在理性与客观的文本记载之外，亦重视感性与主观的叙事素材。毕竟，书写感性情感与记录主观情绪的文本更能展现人性的共通之处，愈能体现人文语义学的"人文"属性。

（一）文本是人类精神世界对现实世界的认知反馈

文本书写是人类表达思想、传递知识、抒发情感、记录体验，并以文字的形式传承后世的一种古老而又永恒的表达方式。每一篇文本背后都隐藏着一个独特的个体，一个具有独特思想的撰述者。这种思想在文本书写过程中得以体现，使文本成为一面镜子，反映着撰述者的内心世界或者是创造性观感。在文本书写中，每个撰述者都有自己独特的风格、观点和情感，这些个性因素会渗透到他们的论著中，通过文本蕴含的语义给予表达。由于个体思维和背景的差异，对于相同的主题或事物，不同的撰述者可能会借助不同的表达方式和理解角度进行文本书写。

个体在文本书写中表现出理性和感性的双重特质，是文本书写与创作的独特之处。文本作品不仅仅是客观事实的呈现，更是个体内心世界和情感的抒发，即便是自然科学的论著，也都来自撰述者从精神世界对现实世界的认知反馈，不存在没有精神世界反馈的文本记录。在这个过程中，理性和感性相互交织，共同构成了丰富多样的文本世界。个体在文本书写中表现理性的一面与认知心理有关。在创作文本的过程中，个体运用自己的知识、思维和推理能力，对信息进行加工和整理，形成逻辑严密的叙述和论证。这种理性表现源于人类认知系统的特性，个体在文本书写中借助于认知过程，构建了清晰、条理的表达方式，以更好地传递信息和观点。个体在文本书写中表现出感性的一面，与人性和情感有关，人性和情感是人类情绪和内心体验的表现，它在文本中起着重要的作用。个体在文本创作时，常常融入自身的情感与体验，使得文本或多或少充满情感色彩，这种感性表现反映了个体的情感需求和内心世界，使得作品更富有感染力和情感共鸣。

（二）语义表达是人类思想与世界的对话

在文本书写中，个体既夹杂理性又融合感性的现象是人性情感的表达。人性一方面源自自然的本性，另一方面来自社会共同意识（诸如道德伦理、价值意识）的认同，与个体所处社会的价值观、信仰和思维方式的认知体系有关，它深刻地影响着文本书写的表达方式。另外，个体的文本书写还往往受到所处文化背景的影响，不同文化背景的个体可能对同一主题有着不同的理解和情感体验。

但无论是科学理性还是主观感性都是人类思想对现实的判断，是个体在感知、认知和评价世界时所产生的个人观点、态度和情感，抑或是人类科学思维、理性思考后的理论升华或知识总结。它源于个体对外界现象的感受和解释，包含着撰述者独特的人生阅历、价值观念、文化背景以及教育经历，甚至是实践经验、实验归纳、数理推演、逻辑分析等。正是这些因素使得每个个体都有不同的思想，因而个体的文本书写都将呈现出独特的个性和风格。文本书写不仅为撰述者提供了一种传递知识的方式，也提供了一种宣泄情感、表达思想的途径。当我们情感激荡、思绪万千时，文本书写成为沟通心灵的桥梁。一位诗人在遭受爱情创伤后可能会写下一首深情的诗歌抒发情绪，一位小说家通过笔下的人物和故事讲述自己对社会和人性的观察和思考。这些文本是撰述者主观思想的真实体现，使得文本富有情感、忧虑、欢乐和悲伤意义。

然而，个体思想也使文本书写具有了多样性和复杂性，增加了理解文本语义的困难。同样的文本在不同撰述者的书写下可能会表达出截然不同的文本语义，但其实指向的内容基本一致。例如，对自然的描绘，在一个浪漫主义者的笔下，可能会呈现出如诗如画、神秘奇幻的景色；在一个现实主义者的笔下，可能会呈现出朴素、直观的景色；在一位科学家的笔下，则更加注重准确性和可验证性，而且会尽量减少情感色彩或主观臆断。因此，个性化的文本书写使得语义的解释变得更加多元复杂，读者在理解文本时需要更加谨慎，并意识到撰述者的个人特色和立场可能对其表达产生影响。

二、从逻辑与非逻辑视角解读语义内涵

人文语义学面向对所有文本的解读。文本书写是否符合

逻辑、是否理性或客观，并不是拣选文本、分析文本的关键。以问题意识为切口，以问道意识为指归，[①]通过观念词及其文本关注人类精神世界对现实世界的认知反馈，才是其研究的主旨。

（一）解读富有想象力文本中的语义

文本是人类精神世界对现实世界的投影，个性化的文本书写增加了语义解读的复杂性。文本中既有所谓逻辑清晰、条理分明的材料，也有看似缺乏逻辑、实则暗含隐喻的语句。前者如逻辑思考、数理推演等知识类文本，它丰富了人类社会的精神生活与现实世界，传承着人类的智慧；后者如隐喻、暗喻、比喻、夸张、拟物、拟人等诗词歌赋，虽然看似不符合逻辑，甚至不符合语法句法，但其中不少文本同样为宝贵的思想财富，个别甚至足以称为人类的文化、思想和艺术想象力与创造力的高峰。

许多富有想象力与创造力的文本，实质是通过文本展现出富有想象力与创造力的语义。这些可能在一定程度上符合语言逻辑与句式结构，但更多的是超越科学逻辑的限制，通过文本语义创造与展现丰富多样的思维和表达方式。语义中所蕴含的想象力是指人们创造性的构想或形成新的概念、观念或图像的能力。它可以涉及虚构的情节、未来的场景、不存在的事物等

[①] 张宝明：《语词观念、知识统绪与人文学术的问道意识——人文语义学论纲》，《社会科学》2024年第4期。

等。想象力使我们能够超越已知的现实，探索可能性，并且在艺术、文学、教育、科学等领域起着重要作用。逻辑是一种推理和思维的方式，它基于事实、前提和规则，以建立合理的结论。逻辑思维是遵循一定规则和原则，通过合乎逻辑的推导和推理来得出结论。在某些情况下，想象力可以与逻辑相吻合，例如在科学研究中，科学家可以通过想象力来提出假设，然后运用逻辑推理和实验证明或否定这些假设。然而，想象力也可以超越逻辑，例如在科幻小说或奇幻故事中，人们可以创造出虚构的世界和情节，这些情节并不必然符合真实世界的逻辑，但依然是人文语义学探索人类精神世界的重要素材。

即便是在当前人工智能时代，想象力与创造力依然是 AI 缺乏的。目前的人工智能在某种程度上表现出了模拟和模仿人类想象力的能力，但与真正的人类想象力相比仍有一定差距。人工智能的"想象力"是通过学习大量数据进行模式识别和生成，并受限于数据和模型的质量。真正的人类想象力则是受丰富的经验、知识和情感等综合影响形成的，能够产生更加多样和富有创意的想法和内容。虽然人工智能在不断发展进步，但要实现真正的人类想象力，仍然是一个复杂而有挑战性的目标。人工智能的"想象力"实际上是基于已有的数据和模式进行推测和生成，而非真正的创意产生。

在人类生存的世界中，文本并非一直是富有逻辑的表达方式，未来也不会只有逻辑严密的文本方能记录。"以隐喻为代表的非字面语言不仅在诗歌中存在，也广泛存在于科学话语和日常语言中。"①从古代的谶语,到现代的口述记录、标识符号,文本记录内容的主观性、模糊性与无序性始终存在。甚至说当前人类多数情况下的文本记录并不是完全按照逻辑推演而来的,小说、故事、口述记录、账簿、诗歌等等,同样展现了人类精神世界对现实世界的主观描述。

(二)逻辑与非逻辑文本的语义解读

逻辑清晰的材料在文本中往往具有明确的信息传递和条理分明的表达方式。这些材料通常使用直接的语言和明确的逻辑结构,使读者容易理解其意义和内涵。逻辑清晰的文本有助于确保信息的准确传递,是科学论文等领域中常见的形式。如罗素在为维特斯根坦撰写的《逻辑哲学论·导言》中,开篇即提到:"要理解维特根斯坦先生的这本书,必须清楚他谈的是什么问题。在涉及符号系统的这一部分理论中,他谈的是一种逻辑上完善的语言所必须满足的条件。"②而包含隐喻、比喻和象征等多种修辞手法的材料,可能会出现模糊的语义与非逻辑的语法结构,需要读者进行更深入的解读和思考。非逻辑性的文本常见于文学作品、诗歌和艺术创作中,这些作品往往通过暧昧和隐晦的表达方式,为读者留下更多的想象空间和审美体验。

人文语义学在文本解读中既要关注逻辑清晰的材料,也要

---

① 〔英〕戴维·E.库珀:《隐喻》,郭贵春、安军译,上海科技教育出版社2007年版,中译本序,第1页。

② 〔奥〕维特根斯坦:《逻辑哲学论》,贺绍甲译,商务印书馆2009年版,第3页。

关注看似缺乏逻辑、实则富含隐喻的材料。逻辑清晰的材料提供了直接明确的信息，帮助读者准确理解文本内容，这些材料在科学研究和传播知识中具有重要作用，有助于确保信息的准确性和可靠性。而富有想象力的材料则激发了读者的思考和想象。在某些领域，"隐喻性语言是逻辑语言所无法替代的"①。朱光潜认为隐喻性的语言要义是"用捉迷藏的游戏态度"，把一件事物先隐藏起来，只露出一些线索，让人可以猜中所隐藏的是什么。这些材料在文学和艺术领域中具有重要的创意和表现力，通过多样的修辞手法和含义模糊的表达方式，为读者带来独特的审美体验和文化价值。非逻辑性的文本往往激发了读者的主观参与，让他们更深入地体验和理解作品所传递的情感和意义。

人文语义学强调综合性解读的重要性。综合性解读意味着不仅仅关注逻辑清晰的材料，也要关注非逻辑的材料，并将二者相互结合，形成全面的理解。逻辑清晰的材料提供了基础和线索，而非逻辑的隐喻性材料也同样可以激发更深层次的思考和感受。通过综合性解读，读者可以更全面地理解文本意义和撰述者意图。综合性解读允许个体在文本中出现多样性和多重含义，从而拓展了文本的意义和价值。这种解读方式不局限于表面的文字语义，而是关注文本背后的情感、文化和历史背景，使得文本解读更具有深度和丰富性。

当然，在读者面对个性化的文本时，他们对文本语义的理

---

① 孙迎光:《诗意德育》，上海三联书店 2011 年版，第 65 页。

解可能会受到撰述者个性化表达的影响，产生阅读偏差。这种偏差可能因为缺乏所谓的语言逻辑，以及带来不同个体、群体或者族群、圈层之间对语义的不同理解、情感和情绪的不同反应，甚至引发误读与误解。为了更好地理解个性化文本书写，人文语义学研究更多地倡导关注文本背后的语境、撰述者的情感，以及可能存在的隐含含义和象征性表达。辨析文本的真伪不是人文语义学的目的，从问题出发，回归撰述者的书写动机、知识背景、思想谱系、文化语境与历史场景，具体分析、考辨与理解文本的语义，理解人性、理解人的思想，进而理解世界才是其最终的目标，即回归问道意识是其学科的指归。同时，解读者应具有一定的批判性思维能力，不仅仅局限于表面的文字，还要深入挖掘文本背后的语义意图和人文思想。

三、在矛盾与统一之中阐释观念的历史

人类思维观念既有同构性（相似性），也有异构性（差异性）。异构性导致了观念在不同个体和文化中可能会产生差异，从而形成对立与争论，这也是文本书写与语义理解出现偏差的根源。同时，人类思维在一些基本层面上又是共通的，诸如喜怒哀乐、恐惧、爱和厌恶等情感表达，视觉、听觉、触觉、味觉和嗅觉等感官体验，即观念在不同人群之间可能会出现统一和共识。这也是人文语义学以关键词为依托，以观念词为寻绎对象，消除话语分歧、文化割裂、文明冲突，实现跨国家、族

群、阶层之间平等对话的认知基点。

(一)观念的历史充斥着矛盾与统一

观念是人类对世界、事物和现象的思维、理解和认知方式。然而,由于人类的认知能力和知识局限,观念的形成往往受到主观经验、文化背景和社会条件等因素的影响,导致个体之间既有共通的观念,又有彼此矛盾的观念。观念往往通过文本书写实现在不同人群、族群、文化形态中的传播与交流,通过语义的解读,或实现观念的统一,或加剧彼此的分歧。

从历史的视角审视观念的演变,"观念在其发展的历史中是混乱的,即使哲学史以及关于人类所有各个方面反思的历史,其大部分也都是观念混淆的历史"[①]。每个人的观念是个体独特的,受其个人经验、情感和信仰等因素的影响。因此,同一概念在不同个体中可能被理解为不同含义,产生观念的差异。观念又是文化和历史的产物,不同文化和历史背景下人们对事物和现象的理解可能存在偏差。同时,观念的形成往往依赖于人们对于事物的认知和了解。然而,一旦个体知识不完备,或无法对事物有全面了解,就只能通过有限的信息和经验来构建观念,这可能导致个体观念的不完整和群体观念的不一致。当然受制于认知能力的束缚,认知层次也可能导致思维与视角的片面化,不同的认知层次可能产生观念的分歧,相同的信息与认

---

① 〔美〕阿瑟·O.洛夫乔伊:《存在巨链——对一个观念的历史的研究》,张传有、高秉江译,商务印书馆2015年版,第x页。

知层次则可能实现群体观念的统一。

从社会变迁和文化传承的角度解释，观念的变化受特定历史场景、文化观念、社会背景的影响。不同历史时期和不同地域的社会具有不同的文化传统和价值观，导致观念在社会之间产生分歧。而随着社会的发展和文化交流，观念之间也会实现融合和统一。历史上观念的变化，随之带来文本书写的变化。思想观念是文本书写的认知基础，文本书写是思想观念传承的重要途径，思想观念往往通过文本书写加以传承。因此，文本书写、语义解读、阐释观念的历史，皆需考察其文化背景、历史演变和文化内涵，方能理解文本在特定语境中的象征意义、符号价值和文化隐喻，以及在历史时期中的语义演变和文化转变。人文语义学不仅致力于梳理相关文本之间的内在关系和区别，还揭示文本背后的社会观念、价值体系、情感取向和认知标准。

《庄子·齐物论》曰："夫言非吹也，言者有言，其所言者特未定也。果有言邪？其未尝有言邪？其以为异于鷇音，亦有辩乎，其无辩乎？道恶乎隐而有真伪？言恶乎隐而有是非？道恶乎往而不存？言恶乎存而不可？道隐于小成，言隐于荣华。故有儒墨之是非，以是其所非而非其所是。欲是其所非而非其所是，则莫若以明。"[①]儒墨语言的辩论也是思想观念的论争。

---

① ［清］郭庆藩辑，王孝鱼点校：《庄子集释》，内篇《齐物论》，中华书局1961年版，第63页。

庄子认为道被片面的真理所遮蔽而出现真伪之辨，真理被华丽的辞藻所掩盖而出现是非之分。其原因在于万物的存在是对立统一的矛盾体，若各执一面则必然导致真伪和是非。所以庄子主张"莫若以明"，即遵循道，超越万物的是非对立，也就是"齐物""齐论"，如此则不为真伪、是非所役，以应无穷。因此，人文语义学在研究观念的初始阶段并不会对文本及其表达的语义进行"正确"与"错误"、"科学"与"愚昧"、"理性"与"感性"等非此即彼的预设判断。同样也正是基于历史上观念的多样性，人文语义学对文本材料的拣选，并不同于历史学等其他学科，强调材料的真伪，涉及内容的正误，表达思想的善恶。

（二）观念的多样性呈现思维的多元性

观念反映了人类思维的丰富多样性。不同的观念展示了不同个体和文化对于世界的独特理解和见解，丰富了人类对于事物的认知。观念的差异激发了人们对于问题和现象的多元思考，面对观念的多样性，人文语义学以思辨和探索，试图厘清多样观念背后的本质和原因。统一的观念无需对话，观念的差异才是促进人与人之间的对话和交流的前提。在交流的过程中，需要澄清观念的含义和表达方式，从而实现语义的相对完整表达，才能获得不同群体之间更好的理解和沟通。

观念史的研究往往会面临观念多样性与变化性的问题，然而正是这种观念多样性，使得人文语义学研究成为一个试错的过程。这意味着在研究文本、解读语义的过程中，研究者不断地尝试不同的方法和视角来理解和阐释观念的发展历史。在这个过程中，我们可能会遇到所谓"虚假"史料、"逻辑不清"的叙事文本，但这些所谓造伪、虚构、避讳、粉饰、隐喻、虚妄失实、以讹传讹或断章取义，都是撰述者有意或无意制造的歧义，但从人文语义学视角而言也是真实历史的一幕。所以，所谓的"错误"与"虚假"的文本书写，也是人文语义学研究的一部分。罗素曾评价维特根斯坦理论中最根本主题是："语言的基本职能是断言或者否认事实。给定一种语言的句法，只要知道各组分语词的意指，一个语句的意指即随之确定。为使某个语句能断言某个事实，不论语言如何构成，在语句的结构和事实的结构之间必须有某种共同的东西。"① 但在人文语义学研究中，语言所展现出的是非、对错并非研究主旨与研究目的。"错误"的语言或者文本书写在人文语义学研究中并非一种消极因素，"就像许多历史例证所表明的——一种信念的功用与效力是一些独立的变项；而错误的假说常常是通往真理的道路"②。其中多数"书写歧义"甚至是某一社会思潮、某种特定群体立场、某些历史观念的客观反映，只不过需要解读者考辨其文本指向，进而在语境与语义中理解其表达的事实或情感。

人文语义学对于观念多样性与统一性的探讨，不仅仅是一

---

① 〔奥〕维特根斯坦：《逻辑哲学论》，贺绍甲译，商务印书馆2009年版，第4页。
② 〔美〕阿瑟·O.洛夫乔伊：《存在巨链——对一个观念的历史的研究》，张传有、高秉江译，商务印书馆2015年版，第447页。

种学术活动,更是人类对于自身认知和思维方式的反思。在试错的过程中,我们不仅通过解读语义,在矛盾与统一之中阐释观念演变的历史,提出破解"古今断裂""中西误解""圈层隔膜"的学理路径,探索人类思维的本质和规律,还可从中体悟人类认知的有限性,正是这种有限性,使得人类对于世界充满了好奇心和渴望,不断地追求真理和探索知识。

第五章 人文语义学问题意识与致思路径

人是语言符号的使用者,以言行事,以言立身,用语词行动将自己编织在人生意义之网中。人文语义学的逻辑起点是"人文",是与生命息息相关的语言活动,其研究路径可归结为"诉之于文、聚焦于人"。相对历史语义学,人文语义学最重要的特点是植根于生命体验,聚焦于语词表达,侧重于意义阐释。基于此一理论预设,以人文语义学考察思想史关键词就不仅仅是考察语词生成、演绎的语言学现象,而是阐释语词使用背后人的内心世界,剖析语言表达与生命体验相交织的精神现象问题。人文语义学直面人类心智表达的复杂性,将问学与问道融合无间,以深入探讨人类在多元复杂的社会中语词沟通与心智理解的可能性。

语言的本质属性是人文性,人文的历史也沉淀在人类的语言表达之中。"人文"是中国思想史中的重要概念,但这一概念在现代化进程中一直处于式微的过程中。自近代以降,中国在分科治学思维的影响下,包括语言研究在内的人文学科都试图建立精确性的学术形态,由此导致了人文学术的(人文)内涵与(科学)形式的割裂。在去人文化的现代学术研究潮流中,人文语义学重提"人文",从"人文"的角度重新审视中国现代学术,进而倡导"诉之于文,聚焦于人"的研究路径,将为人文学术恢复人文性提供一种可能。人文语义学"不仅是科学问题,而且是包含着对理性、情感、心灵、记忆等各种复杂元素的阐释与解读"[①]。人是一个拥有知觉、情感、意志的生命体,

---

[①] 张宝明:《人文语义学:一门关乎人类语际书写的知识体系》,《探索与争鸣》2023 年第 3 期。

语言是人类思维和交流的工具，人自古以来便借助语言表达自我、沟通他者、认知世界、理解生命。本书以"人文"为关键词深入探讨人文语义学的问题意识与致思路径，重点考察游离于情感与理性、确定与不确定之间的人类心智表达活动，兼与历史语义学相比较，进而分析不同时代、地域、族群、圈层之间语词表达的观念差异，探讨人类在多元复杂的社会中相互之间沟通与理解的可能性。

第一节　从历史到人文：语义学研究的问题意识转向

作为语言学的一个分支，"语义学"是指对语言中的意义的研究，即对语言、语词、符号、形式、短语和句子的能指和所指意义的研究。伴随思想史研究的语言转型，语义学被引申到历史研究领域，注重对特定词语之具体历史的分析，并视之为分析思想史的出发点，形成了历史语义学的理论方法。与历史语义学相较，人文语义学的提出较晚，但它在已有的历史语义学研究路径的基础上百尺竿头，进一步凸显人文的学术意蕴、问题意识与问道意识。在二者都重视语词的考释、文本的挖掘的平行路径中，我们还看到一个不同的面相：历史语义学以语词演变的历史考证为中心，而人文语义学以语义表达的人文阐释为中心。

一、历史语义学：语义演变的历史考察

"去人文性"是现代汉语的研究趋向，也是人文学术的科学化表现。在科学主义治学范式的长期影响之下，起源于欧洲的历史语义学也流布着去人文化的色彩。无论是作为研究领域，还是作为研究方法，历史语义学都是以语词/概念为中心的研究，它着眼于语词含义的重大变化，目的在于发现并阐明语词在过去与现在之间的差别及其起源和成因。[①] 历史语义学起源于 18 世纪，到 19 世纪末至 20 世纪前半叶，欧美学者整理、归纳了词义演变的各种现象，分为词义扩展、词义缩小、词义转移（词义升值、词义贬值）等类别，但这些研究多限于语言学研究领域。直到 20 世纪下半叶，关于历史语义学逐渐拓展，成为思想史研究中的一种特殊路径。此中，比较有代表性的著作有英国学者威廉斯的《关键词：文化与社会的词汇》和德国学者科塞雷克的《历史的基本概念：德国政治和社会语言历史辞典》。历史语义学着眼的是"语词"，考察语词概念的延续、变化和革新之间的关系，也会考察词语、概念、文本与社会政治情景之间的关系，但整体而言缺少对语言的"人文性"观照。

---

① 方维规：《什么是概念史》，生活·读书·新知三联书店 2020 年版，第 18—23 页。

雷蒙·威廉斯的《关键词：文化与社会的语汇》是颇具影响力的历史语义学著作，它不但开启了编撰关键词的热潮，同时也打造了"历史语义学"的理论范式。这本书原本是威廉斯《文化与社会》（1958）一书的附录，出版时被编辑删去，这反倒给了作者不断积累、修订的机会。时至1976年出版时，此一附录被扩展为包含131词条的单行本词典。但值得注意的是，这部关键词著作并非日常所用的词典，词条在编撰过程中体现了"一种记录、质询、探讨与呈现词义的方法"[①]。与《关键词：文化与社会的语汇》这本以"词"的形式结集出版的单本著作不同，《历史的基本概念：德国政治和社会语言历史辞典》是以概念阐释结集出版的八卷本系列丛书。这套丛书钩沉选择历史上具有"民主化""时间化""可意识形态化""政治化"的概念，系统考察了德语世界100多个（组）政治和社会基本概念的形成和演变过程。[②] 不管是关键词研究还是概念史研究，历史语义学都重视语词概念演变的历史考察，同时也会关注语言和社会之间的关系，既研究语言系统内部的变化，也借此研究语言所处社会历史的变化。

---

① 〔英〕雷蒙·威廉斯：《关键词：文化与社会的词汇》，刘建基译，生活·读书·新知三联书店2016年版，第29页。
② 方维规：《什么是概念史》，生活·读书·新知三联书店2020年版，第136—186页。

二、人文语义学：语义表达的人文阐释

"去人文性"是现代汉语的研究趋向，而人文语义学是再人文化的学术努力。人文语义学认为人类思想的整个发展过程中根本不存在固定不变的辞典式"语词"，而仅仅存在着不同时间、不同人群使用不同语言的实践过程。语言是人类精神在具体语境中不由自主的流射和创生，人文语义学认为不能脱离具体语境来讨论语词的意义，要在语言的动态实践中来研究语言，关注语言的语用过程和交往语境，也只有在多元的实践使用中才能把握语言的真切意涵。语言是人类表达自我、沟通他者的工具，但语言并非自明的，它既包含明确的语义内涵，也包含了人类在使用过程中赋予的人文体验和情感意义。不仅对这些语词的内涵演变进行专门探讨，更重要的还在于关注这些语词在人文运用中交织冲撞出的语义内涵，重视它们与当时人类社会语境变迁之间深刻微妙的互动与关联。

历史语义学将主要精力集中在语词的历史考察，而非这些语词在人类表述论证中的运用。人文语义学是在学习并反思历史语义学基础上提出来的，意在将语义学研究从"以语词为中心"转向"以人为中心"。以语词为中心，是将语词作为客观之物、静态之物来研究，可以形成自然科学化的公式式的研究范式，人文研究以"人"为观测点，激活了语词，它摒弃系统性，强调在动态多元的人文交往中探查语词的意涵。胡适曾经

说:"凡治史学,一切太整齐的系统,都是形迹可疑的,因为人事从来不会如此容易被装进一个太整齐的系统里去。"①人文语义学强调的是人的能动性,而非历史语义学中漂浮不定的结构。正是对人的重视,使得人文语义学研究的进路有别于历史语义学的致思方式。历史的生动复杂性和动态丰富性,都积淀在语词表达之中,后学可以钩沉历史沉淀的语词意义之演变,以呈现社会文化的变迁。但人文语义学不满足于以语词钩沉文化史,而是以"人"为中心将触角深入人的认知、情绪、思维、社会交往等微观领域,从人文视野下理解把握语词因时、因地、因人而异的复杂本意,由此激活重重包裹的语词观念,通达层层叠叠的心灵深处,让语义研究中的人文性重获关注。

第二节 从语词到心灵:人文语义学的致思方式

人是符号的动物,在符号的创造使用过程中成就了自我,也形塑了人文。人(生命)与文(语言)之间相互塑造、相互渗透、相互从属,因此想要真正把握的语词观念,必须把它放在历史的长度、社会的宽度和心灵的深度三维坐标系中语义考词。在历史语义学中,历史的长度、社会的宽度都有涉及,但缺少对心灵深度的充分重视。人文语义学标举"人文",提倡

---

① 罗尔纲:《师门辱教记》,建设书店1944年版,第53页。

"诉之于'文',聚焦于'人'"的学术路径,想要强调人类语词表达中层层叠叠、情理交织的人文意涵,将语义学研究从科学主义的说明范式中解放出来。

一、诉之于"文":生命过程中的语词表达

人文语义学致力于探讨人类的沟通与理解问题,诉诸的对象是语词,是文本,是人类生命交往过程中的文化现象。《易经》有言:"古者包牺氏之王天下也,仰则观象于天,俯则观法于地,观鸟兽之文与地之宜,近取诸身,远取诸物,于是始作八卦,以通神明之德,以类万物之情。"[①]根据天地鸟兽演绎出的八卦符号是中国先民最早的语言表达,也是人类与天地万物相交往、与自然环境相博弈中形成的最早的"人文"形态。"人文"一词最早也出现在《易经》中:"刚柔交错,天文也;文明以止,人文也。观乎天文以察时变,观乎人文以化成天下。"[②]"文,错画也",人文有修饰之意,它区别于质朴、野蛮,具备了文明、文雅之含义。人类借助语言与自我、他者、自然世界相沟通。由人类的语言表达交织而形成的文本,便是人文的具象形式。不管是中国的"文"还是西方"text"都有交错编织的意涵,而且都是人类在物质交往与精神交往中形成的"编织物"。

---

① 周振甫译注:《周易译注》,中华书局1993年版,第256页。
② 同上注,第80页。

借助"交错编织"的意义指向，或许我们能够对马克思人的本质的定义有着更深的体悟与认同："在其现实性上，人的本质是一切社会关系的总和。"[①]马克思可以从人与人的交往关系中考察"人"，我们可以从人与自我、他者、世界的交往关系中考察"文"。"文"的本质也可以表述为"一切社会关系的总和"。人类通过语言表达自我、沟通他者、认知世界、理解生命，展示了多元复杂的语义关系，编织成生命交织的意义之网，同时也把原本不同领域的政治、经济、文化等问题都汇集到语义学领域。语言是在人类生命实践过程中生成的，它浸润到人类所有生命实践活动之中，同时也被人类所有生命实践活动所浸润，因此浓缩了人类生命活动中各种社会连接和人文印记。海德格尔为了阐释语言是人类"存在之家"，曾经引用洪堡特的观点："如果在心灵中真正产生了这样一个感觉，即语言不只是用于相互理解的交流工具，而是一个真正的世界，这个世界必然是精神在自身与对象之间通过它的力量的内在活动而设定起来的。那么，语言就在真实的道路上，在语言中作愈来愈多的发现，把愈来愈多的东西置入语言中。"[②]任何表达不但有语词之内的含义，在语词之外也关联着时代、地域、族群、圈层等环境要素，会引起多元丰富的语义联想。可以说，作为人文的

---

① 中共中央马克思恩格斯列宁斯大林著作编译局编译：《马克思恩格斯选集》第一卷，人民出版社1995年版，第56页。

② 〔德〕海德格尔：《在通向语言的途中》，孙周兴译，商务印书馆2004年版，第246页。

语词表达是人类错综复杂的社会关系总和之表征，是人类心灵层层叠叠的生命交往体验之镜像。

二、聚焦于"人"：语词表达中的心灵阐释

人文语义学通过语词来开掘人类的内心世界。语言是人类社会的表达媒介，也是一种习惯性的集体无意识，所有词语的设置都以人为视角，人存在于语言现实而非自然现实中。语言与人的关系是如此密切，正如呼吸在人类生命中的作用一样。中国先哲有言："人之所以为人者，言也。人而不能言，何以为人？"[1]西哲海德格尔也提出语言是人的"存在之家"的概念，他认为"唯语言才使人能够成为那样一个作为人而存在的生命体"[2]。由此可见，语言与人有着交光互影的同构关系。之所以强调"诉之于文，聚焦于人"，在于人是语言符号的使用者，以言行事，以言立身，用语词行动将自己编织在人生意义之网中。人从自身创造出语言，用语言的世界把自己包围起来，以便表达观念世界的一切事物，处理现实世界的一切事务。卡西尔曾有如此论断："我们应当把人定义为符号的动物（animal symbolicum）来取代把人定义为理性的动物。只有这样，我们才能指明人的独特之处，也才能理解对人开放的新路——通向文

---

[1] 顾馨、徐明校点：《春秋谷梁传》，辽宁教育出版社2000年版，第51页。
[2] 孙周兴选编：《海德格尔选集》，上海三联书店1996年版，第981页。

化之路。"① 人文语义学通过各种文本去钩沉历史，不是为了单纯地厘清某个语词概念的确切含义，而是要去理解人类在生命过程中的语词表达和内心选择。

人是情理交织的动物，人类的语词表达介于情感和理性之间，既有深层理性的一面，也有流动、跳跃、瞬时的感性一面。人类的感知、思想、言说、行动都在情理交织中完成，每一种体验、每一种认识和意志活动都需要付诸语言才能够表达自我、沟通他者，也只有通过语词表达才能被理解那些潜藏于内心的人类深层需要。洪堡特认为："语言产生于人类的某种内在需要，而不仅仅是出自人类维持共同交往的外在需要，语言发生的真正原因在于人类的本性之中。"② 人文语义学以人为中心，它将人类在语言表达中流布的感觉、意识、思想、神遇等都纳入考察视野，通过语言去探究人层层叠叠的内心世界。人类表达的心灵语法有其自身独立存在的规则和价值，它是不可以被自然化地处理。诸如人类自我表达、他者沟通与意义理解方面的问题，不能将其视为外在于研究者的可用自然科学来研究的对象，只有采取人文语义学的方法来探讨才能触及语词的复杂面相。由此，人文语义学的首要任务是站在生命角度来解释语词表达，根据语言与生命的关系来梳理人类语词表达的人文逻辑，探寻人类沟通理解的人文意义。

---

① 〔德〕恩斯特·卡西尔：《人论》，甘阳译，上海译文出版社 1985 年版，第 34 页。

② 〔德〕威廉·冯·洪堡特：《论人类语言结构的差异及其对人类精神发展的影响》，姚小平译，商务印书馆 1999 年版，第 11 页。

第三节　从说明到理解：人文语义学的方法论阐释

作为一种精神文化的表现形式，语言是人类适应自然环境和文化环境的成果。相对于威廉斯关键词研究提供的科学"方法"、科塞雷克的概念史研究提供的论证"逻辑"，人文语义学强调用狄尔泰的生命释义学① 路径去理解语词概念，触摸人类心灵，把握人类社会中动态丰富的人文语义问题。人文语义学重提人文，是恢复中国现代学术人文性的重要努力，它借鉴关键词、概念史等历史语义学的说明方法来钩沉语词的历史演变，同时又强调以生命释义学的理解路径来挖掘人类心灵纵深中层层叠叠、情理交织的复杂意义。

一、科学之知：以"说明"为方法

"人文"的式微与现代性的理念息息相关。汉语的现代化过程也是把汉语从中国人文传统中剥离出来，放在西方语言学理标准下加以改造，试图使其变成失去文化生命的科学化的交际工具。与此同时，人文学术也经历了这种"去人文性"的科学化进程。现代人文学术在西学东渐的热潮中建立起来，接受

---

① 参见高桦:《狄尔泰的生命释义学》，上海人民出版社2018年版。

了西方盛行的单线进化论和科学主义，建立了一个以西方文化为顶点的学术发展序列坐标，一百多年来，人文学科都处于自然科学化的进程之中。科学主义源于一种对绝对确定性的寻求，并试图用一种"科学方法"使知识成为普遍的和永恒的绝对真理。在危急存亡的中国近代，文人学者强调科学方法的重要性，"科学方法"被赋予某种向政治、经济、文学等领域转移的能力，获得了某种可以支配其他事物的地位。在这种倾向之下，人文学科也学习自然科学"说明"式的研究，将复杂的社会现象化约成少数变项，建立其间的因果关系，组成精简的结构，企图以最少的因素解释最多的现象，不再追求形而上的价值评判与意义世界。

受自然科学的思维逻辑影响，起源于欧洲的历史语义学对语词的溯源、演变的考察也以说明式的方式呈现，表现出强烈的科学主义意识。科学知识强调的是客观本性，而人文语义聚焦的是主观表达；科学的"说明"建立在因果关系的必然规律之上，而人文除了因果式的说明，还要将文化、情感、心灵、信仰等因素纳入考察。以自然科学的思维来探查语词观念，根本症结在于把语词仅仅看作单纯的工具或符号系统，忽视了语言背后深厚的文化历史积淀和独特的文化心理特征。梁启超早年便曾批评科学对人文的僭越："托庇科学宇下建立一种纯物质的纯机械的人生观，把一切内部生活外部生活，都归到物质运动的'必然法则'之下"，"意志既不能自由，还有什么善恶的责任"[①]，

[①] 梁启超：《欧游心影录》，商务印书馆2014年版，第17页。

"人类若果是机械,还有什么存在的意义和价值?"[1]。现代中国的人文学术走上了形式化、精确化的路径,历史语义学研究也将关涉到情感、价值等主观元素的人文语义学问题排除在外,具有浓郁的人文主义精神的中国语文传统在科学主义审视下也失去了价值。人文学科尽可借鉴参照科学的方法为我所用,却无须亦步亦趋地盲目遵循科学的"说明"范式,正如语言学家萨丕尔所言:"语言是像文化的其他表现那样严格社会化的人类行为类型。它在基本原理和倾向上背离那种只有自然科学家才惯于公式化描述的常规。"[2]

二、体验之知:以"理解"为方法

人文学科具有价值性、体验性、不可实证性、评价多元性等特点,不可能像自然科学那样精确而完全合乎理性。西方哲人狄尔泰说:"我们'说明'自然,我们'理解'精神。"[3]中国学者说:"人间事物不止因果关系,还牵涉意义的问题;而文化意义千头万绪,复杂万端,不但不能简单化约,还应该用浓彩重墨,细致地刻画并剥解其层层的意义,使这些丰富的意义结

---

[1] 梁启超:《非"唯"》,载夏晓虹编:《梁启超文选》(下),福建教育出版社2020年版,第419页。

[2] E. Sapir, "The Status of Linguistics as a Science", *Language*, Vol. 5, No. 4, 1929.

[3] 转引自洪汉鼎:《诠释学——它的历史与当代发展》,人民出版社2001年版,第105页。

构井然有序地呈现出来。"①万事万物都处于流动变化之中,从而使语义内涵也在流动变化之中,这意味着"人类的沟通与理解"将永远是一种未完成的存在。人文语义学深知人文学研究的不确定性,由此保持着对人类语词表达的敏感性,试图通过观念词的寻绎来呈现人类心灵层层叠叠的复杂意义。由此,人文语义学研究的对象看似是语词,深层则是人的生命活动和心灵世界。人文语义学关注由语言、思维与言说组成的生命表现,认为语义的交流与研究需建立在共同的生命体验的基础上。因此它不仅仅是语言学问题,而是关涉着理性、情感、心灵、记忆等各种复杂元素在内的人类文化现象问题,阐释语词是阐释人类表达、沟通与理解的过程。

人文语义学着眼的是"语词",关注和究心的却是"人文",试图通过研究包裹着层层叠叠人文印记的观念词,来丰富和增进对语词表达的人文认知,为人类提供一种通达心灵的对话和理解。人文语义学认为,用说明的方法来探查语词表达的心灵世界,只能获得肤浅的把握,只有建立在主客交融的体验之基础上,对语词的认识和心灵的理解才能更清晰、稳定和有深度。因此,我们对于语词观念的研究也不能简单地历史钩沉来"说明"语词的历史演变,还要通过"主客交融"的方式去体验和理解。这种体验和理解需要从自己的"个人世界"开始,

---

① 李金铨:《在地经验,全球视野:国际传播研究的文化性》,《开放时代》2014年第2期。

借助过往和活生生的经验，以同理心去理解人文表达的幽微曲折，阐明人文表达所蕴含丰富而复杂的层层意义，以求在更大的脉络下重释"人类世界"的意义。

第四节 从问学到问道：人文语义学的学术旨归

中国古人自古便强调问学与问道的协同统一，在学术研究中渗透着"齐家治国平天下"的致用意识，灌注着"为天地立心，为生民立命，为往圣继绝学，为万世开太平"的问道情怀，但这也导致了中国古代人文学术研究中学统与政统的交相为用，并成为近代中国学术界批判的对象。自晚清以降，为了让学术脱离政治而独立，中国学者开始强调"为学术而学术"的治学路径，凸显学术自身的内在价值，但此举在建构学术独立的意识的同时，也导致现代人文学术研究问道意识的逐渐式微。人文语义学重视以微观而具体的语词演变考证来践行"问学"精神，但同时也不忘形而上的问道意识。[1] 人文语义学强调问道意识，是想从语词中挖掘心灵层层叠叠的复杂意义，从多元的语词表达中寻找心灵的普遍性，在价值观的世界博弈中寻找人类理解沟通的可能性。

---

[1] 张宝明：《一声叹息：人文学科的底气何处寻？》，《读书》2023 年第 8 期。

一、考词明史：以"问学"为基础

"学问"作为动词是指学习和询问（知识、技能等），而把"学问"颠倒过来，"问学"也是一个重要概念，是求知、求学、践行的意思。中国古人治学兼有问学与问道的双重意识，但在分科治学的科学影响下，现代学者开始打破延续千年的道统观念和问道意识，强调知识自身具有其内在的价值，倡导"为学问而学问"的治学路径。例如，受科学实证主义的影响，胡适强调以科学方法治学研史，它追慕乾嘉学派"为学问而学问"的治学风格，重视史料、搜集佐证、"无一字无来历"之治学方法。在其影响之下，年轻一代的顾颉刚、傅斯年等都以科学方法研究历史、整理国故。顾颉刚在《古史辨》后总结自己的治学方法："我先把世界上的事物看成许多散乱的材料，再用了这些零碎的科学方法实施于各种散乱的材料上，就喜欢分析、分类、比较、试验，寻求因果，更敢于作归纳，立假设、搜集证成假设的证据而发表新主张。"[①] 傅斯年则提出"史学就是史料学"的论断，倡导"上穷碧落下黄泉，动手动脚找东西"，他说："历史学不是著史：著史多多少少带点古世中世的意味，且每取伦理家的手段，作文章家的本事。近代的历史学只是史料

[①] 顾颉刚编著：《古史辨》第1册，上海古籍出版社1982年版，自序，第94—95页。

学","只要把材料整理好,则事实自然显明了"。① 值得一提的是,傅斯年所创设的"历史语言学"与欧洲的"历史语义学"只有一字之差,研究理路也有相仿之处。它们都强调爬梳过往的文献史料,通过史料爬梳来钩沉语词的历史演变。

人文语义学在继承历史语义学的学术路径基础上也对其专注问学、少有问道的意识有所批判,倡导重回传统问学与问道相统一的人文向度。人文语义学认为问道意识是人文语义学维系自身价值立场的切实道路,但同时强调只有在矢志不渝的问学过程中,人文语义学才有可能找到"学以问道"的安身立命之处。不管是作为一门学科门类还是一个学术领域,人文语义学都需要以"学"为本、以"学"立身,都需要以考词明史的"问学"为基础。人文语义学与历史语义学一样,都关注语言的词源发生和历史演进,探析概念的历史轨迹和思想文化蕴含,要求不仅探讨语词概念的原始语义,还关注语词含义在历史流变中所发生的变异,准确把握词义的内涵与外延及与之相关的社会文化信息,明确二者之间的对应关系。正如雷蒙·威廉斯所言,《关键词:文化与社会的词汇》是"对于一种词汇质疑探询的记录",其研究是"某一些语词、语调、节奏及意义被赋予、感觉、检试、证实、确认、肯定、限定与改变的过程"。② 人文

---

① 傅斯年:《历史语言研究所工作旨趣》,载欧阳哲生主编:《傅斯年全集》第3卷,湖南教育出版社2003年版,第3页。

② 〔英〕雷蒙·威廉斯:《关键词:文化与社会的词汇》,刘建基译,生活·读书·新知三联书店2016年版,第24页。

语义学同意历史语义学的治学路径，认为只有身在一种不断的问学之中，才能汲取到更充沛的生气，奠定更扎实的问道基础。

二、体词悟道：以"问道"为旨归

人文学术之所以能够在现代学林群雄中占得一席之地，不仅在于它追本溯源、考词明史的问学精神，更在于它钩深致远、体词求道的问道意识。"道"字在古文字中是一个会意字，《说文解字》卷二辵部云："道，所行道也。从辵从首。一达谓之道。古道从首、寸。"清段玉裁《说文解字注》释云："道者，人所行，故亦谓之行，道之引申为道理、亦为引道。首者，行所达也。……从辵首，道人所行也，故从辵。……从寸者，如九轨、七轨、五轨。"① 可见，道的本义是道路，用人所行之道路来表示，进而由道路引申为方位、方法、技艺以及事理规律等含义。在中国古代，道是统摄自然、人类社会与精神现象的总的概念，它是"万物的本质""运行的规律""价值的判断"。中国古人在学术研究中一直深藏着一种原道、问道的情结，他们在面临困惑时，往往通过原道与通变，寻找前行的方向，开拓新的事业。在人文语义学视野下，"问学"是钩沉史料、考证历史、阐明变化，而"问道"则是钩深致远，探赜索隐，对

---

① ［汉］许慎撰，［清］段玉裁注：《说文解字注》，上海古籍出版社1981年版，第75页。

于形而上之道的追问与论辩,意在求得人类的生存依据与共享价值。

鉴于人文学本身的价值性、反思性和批判性等特点,人文语义学强调语词阐释不仅要具备考词明史的学术能力,还要有超越专业范畴的体词问道的学术自觉。朱熹说:"道者文之根本,文者道之枝叶。惟其根本乎道,所以发之于文皆道也。"①对于人文语义学而言,一个"语词"意味着一个关涉到人类生命议题的"语义场域"。人文语义学聚焦在语词的阐释和心灵的探寻,注重过去与现在的对话,注重不同地域、族群、圈层之间的交流,旨在探讨人类理解与沟通的可能性。语言的多样性让我们认识到,每一种语言提供的都只是人类认识世界的一种可能性。洪堡特曾经指出:"每一语言都包含着一种独特的世界观","人从自身中造出语言,而通过同一种行为,他也把自己束缚在语言之中,每一种语言都在它所隶属的民族周围设下一道樊篱,一个人只有跨过另一种语言的樊篱进入其中,才有可能摆脱母语樊篱的约束"。②语言在提供我们认识世界可能性的同时,也为不同地域、族群、圈层之间筑起了藩篱,但正因为有藩篱,人类才需要理解与沟通。需要看到,每一种语言在筑起藩篱的同时,也都内蕴着人的普遍本性,是心灵不由自主

---

① 〔宋〕黎靖德编,王星贤点校:《朱子语类》,卷139《论文上》,中华书局1986年版,第3319页。

② 〔德〕威廉·冯·洪堡特:《论人类语言结构的差异及其对人类精神发展的影响》,姚小平译,商务印书馆1997年版,第70页。

的流射。语言是我们赖以生存的工具,承载着表达自我、沟通他者、认知世界、理解生命的功能。人文语义学旨在通过语词阐释分析不同时代、地域、族群、圈层的价值观,超越语言的藩篱以探求心灵的普遍性,以化解不同语词观念背后的价值紧张,探寻人类生活发展的共同之"道"。当然,不管是探察语言的价值紧张,还是超越语言的藩篱以探求心灵的普遍性,都并非易事。波兰尼也将思维、情感、信仰、心智模式等因素视为"不可言说"的人类"隐性知识"。[①] 因为人类的所有思想活动都是依赖语言来进行的,"语言的边界,其实就是思想的边界",正因如此,维特根斯坦说"对于不能谈论的东西必须保持沉默",[②] 但不能因为"不可言说",我们就选择逃避、无视,唯其"不可言说",我们更需要为其寻路。作为一种复杂细微的精神现象,人类的心智表达活动存在着巨大的复杂性,充满变幻的生长"过程",却又不是理性、确定的"知识"系统能够完全解释的。人文语义学研究直面人类心智的复杂性,既要对语词进行"语词考古",又要善于"感性超越";既要有"知识逻辑"的理性加持,又要有"生命体验"的情感抵达,如此这般才能具备处理游离于情感与理性、确定与不确定之间人类语词表达问题的阐释力。

---

① 〔英〕迈克尔·波兰尼:《个人知识——迈向后批判哲学》,许泽民译,贵州人民出版社2000年版,第576页。

② 〔奥〕维特根斯坦:《逻辑哲学论》,贺绍甲译,商务印书馆2021年版,第23页。

附录　人文语义学论著选介

一、福柯《词与物——人文科学考古学》

　　语词是人类的重要发明，人利用语词构建起来一个"有序化"的世界，这个世界充满了各种秩序，这种秩序表现在各种规律、法则等等人文领域。"词"代表词语、语言、意识、知识和理性；而"物"代表客观事物、现实世界。那词与物是什么关系？是词决定物，还是物决定词呢？在《词与物——人文科学考古学》这本书中，福柯探讨了词与物之间的关系，探讨了事物的秩序是如何生成的，不同的时代又有着怎样的变化。《词与物——人文科学考古学》是于1966年由伽利玛（Gallimard）出版的图书，作者是法国哲学家米歇尔·福柯。这本书是福柯最具代表性的一本书，也可以说是最重要的一本代表作，被译成了60多种文字，对世界学术和思想发展产生了重大和深远的影响。福柯在书里对从文艺复兴到20世纪初的整个西方文化、知识演化史都做了细致入微的梳理和剖析，他强调自己在这本书里做的是一种考古学研究，但这绝不是通常意义上作为研究古代文物的考古学，而是指"知识考古学"。在《词与物——人文科学考古学》中，福柯其实没有具体分析哪些词、哪些物，而是深入思想史脉络，试图考察西方文化的历史发展阶段，以及不同阶段知识背后的深层结构、秩序与规则等问题，即认识型问题。这本书出版时，福柯倾向于将该书命名为"事物的秩序"，但编辑希望改名为"词与物"，最后福柯做出让步。值得一提的是，该书的英文版标题则为"事物的秩序"（The Order of Things），2001 年由莫伟民翻译中文译本，根据法文原版译为"词与物"。结合"词与物""事物的秩序""人文科学的考古学"等标题，我们可以更容易把握这本书所讨论的问题。人站到主体性的角度去把世界"有序化"，人利用理性、知识、语言构建起来一个以人为中心的世界，这个世界充满了各种秩序，这种秩序表现在各种规律、法则等人文领域。福柯批判的正是人类对自我构建秩序的盲目崇拜，"秩序、相同、同一性"这些词频繁在书里出现。福柯说之前他的《疯癫与文明》是研究"异"的历史，疯癫者是被人为地划分到了"异"的一类，疯癫者被一步步分离出去，他们被流放、禁闭、隔离，被排挤出去，最终成为理性和道德的敌人。而《词与物——人文科学考古学》正好相反，是研究"同"的历史，这里的"同"表现为秩序和同一性，其实不管是"异"还是"同"，都来自人类的主观划分。以近代哲学家笛卡尔为代表的理性主义的典型做法是，让物具有秩序，让不同者趋同，让相异者同名，这种处理"词与物"之间关系的方法，正是福柯所极力批判的人类学主体主义。简单来说，福柯认为我们按某种秩序去理解现实世界，但世界并没有先天的秩序，或者说秩序并不是人赋予的，所以，不是词决定物的秩序。

据福柯所言,《词与物——人文科学考古学》这本书的诞生缘于他阅读博尔赫斯(J. L. Borges)所引用的一部百科全书,他看了发出一阵笑声。在这部百科全书中,动物的划分方式非常奇怪,比如:属于皇帝所有的,进行防腐处理的,驯顺的,乳猪,传说中的,流浪狗,数不清的,刚刚打破水罐的,等等。这种对动物分类的方式,在当时西方人看来非常不可思议,甚至有点可笑。福柯在嘲笑这种划分方式吗?当然不是,这恰恰是福柯来反讽西方学者,他借用这个例子向西方学者说明,我们所熟悉的事物的分类原则并不是唯一的,其他的原则也是可能的。甚至这种分类方式要比两栖动物、哺乳动物这种更加抽象的分类方式更好,更接近于确切的意义和可表明的内容。这部怪异的百科全书触及福柯思考的主题:词对物之构序。一般来说,百科全书是记录人类过去积累一切知识门类或某一知识门类的工具书。百科全书的主要作用是供人们查检必要的知识和事实资料,它在规模和内容上均超过其他类型的工具书,其完备性在于它包容了各种工具书的成分,囊括了各方面的知识,被誉为"没有围墙的大学"。但博尔赫斯所引用的百科全书十分怪异,这种看似"不可能的分类"暴露了西方主流文化对于"词对物之构序"的"思想界限"。福柯认为,这部陌异的百科全书实际上破坏了通常情况下词对物之构序的"共同空间"或"图表",进而产生了一个摧毁了"句法"、损害了语言、解构了神话的"异托邦"(或译为"另类空间")。福柯认为"文化的基本代码从一开始就为每个人确定了经验的有序性",进而就引出了本书的核心概念:作为一切构序之前提的"认识型"。《词与物——人文科学考古学》实际上是"认识型"之考古学研究。

《词与物——人文科学考古学》一书最主要的论点在于每个历史阶段都有一套异于前期的知识形构规则(福柯称之为认识型)。福柯认为,在不同时代的知识论述中,事物是有一定秩序的,"秩序既是作为物的内在规律和确定了物相互间遭遇的方式的隐蔽网络而在物中被给定的,秩序又是只存在于由注视、检验和语言所创造的网络中"。正是以一定的秩序为基础,语言、知觉和实践才是有效的,并且三者或多或少地表达了秩序。"这样,在人们也许称之为对有序代码的使用与对秩序本身进行反省之间的所有文化中,就存在着纯粹的秩序经验和秩序存在方式的经验。"而这本书研究的就是这种秩序经验,要研究的是在何种基础上知识和理论才是可能的,知识是在一个什么样的秩序空间中被构建起来的。他研究和关心的是整个知识领域、整个认识论领域,知识是通过何种秩序经验而成为可能的。因此他提出了认识型(épistémè)的概念。épistémè本是古希腊语,意思是"真理""知识",其反义词是doxa,意思是"意见"。在巴门尼德那里,区分了两种道理,即真理(épistémè)之路和意见(doxa)之路。不过,福柯借用这个古希腊词,用来指某一个时代人们共有的经验秩序的结构。在这本书中,福柯通过考古学研究,考察了16世纪以来西方文化中的两次认识型的中断:第一次中断,发生的时间大约是17世纪中叶,由文艺复兴时代过渡到古典时代；第二次中断，发生在19世纪初，由古典时代过渡到现代性，这个现代性一直延续到福柯自己所处的时代。福柯进而指出存在着三种不同的认识型：第一种是以"相似性"作为建构知识空间原则的文艺复兴认识型；第二种是以"同一性和差异性"为原则的古典认识型；第三种是以"有机结构"为原则的现代认识型。

文艺复兴时代的认识型奠基是相似性。书中写道："直到16世纪末，相似性在西方文化知识中一直起着创建者的作用。"相似性组成各种知识的形式分为四种：适合、仿效、类推、交感。适合指的是事物在空间上彼此接近，其边界相接或边缘互相混合。相似性就出现在两物之间的这一接合处。例如，植物长在雄鹿的角上。仿效指的是不受位置律束缚，能静止地在远处起作用。类推类似仿效，不受位置律束缚；也类似于适合，谈及配合、联系和接合。例如，植物是站着的动物。交感没有确定的法则，自由自在地在宇宙间发挥作用。例如，在葬礼上使用的纪念死者的月季花，这些花就和死亡联系在一起了。那么，凭什么标记，相似性被认出来呢？因为，世界就是充满相似性的神秘空间，是一本用相似性的记号书写的大书，而人所要做的就是发现、辨认、译读这些记号。这些记号来自何处，当然是上帝，"上帝为了发挥我们的聪明才智，只是在大自然上播下了种种供我们辨认的形式"。相似性既是认识的形式，也是认识所产生的知识的形式，在16世纪认识型中相似性成为最普遍的东西，在这一认识型中语言与事物是什么关系？其表现为两种形式：第一，在其初始形式中，"语言是物的完全确实和透明的符号，因为语言与物相似"。第二，语言不再直接与所命名的物相似，但"仍以另一种形式成为启示的场所并包含在真理既被宣明又被表达的空间中"。语言与世界形成一种类推关系，而不是指称关系。值得注意的是，在这一时期内，语言与事物相互交织的空间中是以书写的绝对优先权为先决条件的，书写物优于言说物。基于书写的角度，存在三种语言层次：书写形式，语言是事物的一个印痕，是事物的标记；书写形式之上，存在着评论，评论重述了在新的话语中被给定的符号；书写形式之下，存在着文本。三个层次通过相似性的原则统一在一起，但是从文艺复兴时期末期开始，这种基于书写的三元结构慢慢消失了。一是因为三元结构被"能指／所指"的二元结构所取代；二是因为语言本身不再表现为相似性而是表现为表象。从古典时代开始，书写的至上性被悬置了，这是一个巨大的文化重组。

古典时代认识型是表象。塞万提斯小说中的英雄堂吉诃德的冒险，意味着依赖"相似性"认识型进行思考在现实世界中只会处处碰壁，而代之而兴的则是表象的认识型，所以福柯评价《堂吉诃德》为第一部现代文学作品。在 17 世纪初，相似性不再是知识的形式，而成为谬误的原因，并相继遭到培根、笛卡尔等人的批判。于是，西方文化的认识型的基本排列发生了变化，形成了新的构型即"理性主义"。存在物之间的关系通过秩序和尺度为形式得到思考，并且尺度问题可归于秩序问题；

数学被理解为一门关于秩序与尺度的普遍科学。在探寻数学的相互关系中,一些新的经验领域形成了,这些领域将其基础建立在一门可能的秩序科学之上。于是,关于词语、存在物和需求领域,出现了普通语法、自然史和财富分析。文艺复兴时代符号的三元结构,现在被一种二元结构所取代。"符号包含两个观念:一个是进行表象的物的观念,另一个是被表象物的观念;符号的本性在于用第二个观念来刺激第一个观念。"而要成为纯粹的二元结构,符号必须满足下列条件:它必须进行表象,即表明它与它所指称的事物的关系,这才能成为一个符号;同时这个表象又反过来能表象自身,因为符号中除了它所指称的东西之外再没有别的什么了。这样,这种二元制结构的符号成为古典时代思想的工具。

福柯写道:"语言在古典时代的存在,既是最高的,又并不引人注目。"说它是最高的,因为语词已经接受表象思想的任务,语言表象思想,如同思想表象自身一般。也正因此,语言使自身成为看不见的,或者几乎看不见的,因为语词对于表象来说是透明的,以至于它只是被看作表象。普通语法则"是对与同时性相关的词语秩序的研究,表象这一同时性,正是普通语法的任务。因此,普通语法的适合对象,既不是思想,也不是任何个体语言,而是被理解为一系列词语符号的话语。这一序列通过与表象的同时性联系起来"。普通语法所做的工作就是使语法规则之下但又与语法规则同构的表象功能呈现出来。古典论述的基本任务把名词赋予物,并在这个名词中去命名物的存在。在古典时代，关于生物这一领域，是通过自然史来认识的，自然史的兴起与笛卡尔主义大致同时，都因同一个认识型才得以可能。自然史将语言与事物间的表象关系当作自己的可能性条件，通过观察构建了一个新的经验领域。观察就是系统地看，并从中找出结构。接下来，通过特性、连续性等，一个新的经验性领域通过自然史的话语被建构起来了，这个经验领域被构成可描述的和可整理的，研究者关注的是将各种生物在一个有秩序的网络中加以描述并命名。普通语法、自然史都服从于同一个构型，即表象的认识型。虽然在这些经验领域，各有其不同的具体形式，但毕竟都服从于表象的认识型，而且都可以在语言框架内加以解释。

从古典认识型到现代认识型的转变发生在18世纪末19世纪初，这段时期内表象秩序瓦解了，学科探索转向了对本质的思考，包括了人的主体性和学科研究基于具体的实在。福柯将这段时间内认识型的断裂和转换分成了两个部分：1775—1795年表象秩序被边缘化，但依旧存在；1795年以后或19世纪后，表象秩序彻底消亡。在这两个部分当中，生物学和语文学逐渐诞生，劳动、生物功能和语言的亲缘关系、语法形式和演变规律这些内在的本质而非古典时代的表象要素逐渐占据了学科分析的中心。表象秩序的表格让位于对深层规律的探索。在生物学领域，古典时期的同一性与差异性的表格彻底瓦解，结构和特性让位于生命本身的功能和器官的联系；在语文学领域，普通语法让位于对语言内在的语音与语法规律、语言之间的亲缘关系和语言的历史演变。在福柯看来,在18世纪末以前,人并不存在。生命、劳动、语言的历史深度也不存在。"人"是新近的产物,是现代认识型的产物。当然,此前也有关于人的讨论,但并不存在关于人本身的认识论意识。只是在现代认识型中,才出现了"根据语文学和生物学的规律而生活、讲话和劳动的个人,并且还凭着一种内在的扭曲和重叠并借助于那些规律的作用而获得权利去认识并完全整理它们的个人,有关这个个体的现代论题,所有这些我们熟悉的并相关于'人文科学'的论题"。在古典时代,人的本性,是可以无限地表象外在世界和表象自身的主体。但是,现代认识使人们认识到人的有限性,即人受制于劳动、生命和语言。人首先已经是一个生命,有一个身体,才能生活;首先有语词,人才能说话;首先有生产工具,才能劳动。因此,生命的存在方式,是由我的躯体给予我的;生产的存在方式,是由我的欲望赋予我的;语言的存在方式,只是沿着会说话的思想的细长线索而赋予的。

古典时代,对人的研究其实不过是对表象的研究。但是,在18世纪末19世纪初,既然分析的不再是表象,而是有限的人,那么重要的就是要在认识中在被给出的经验内容的基础上,阐明认识的条件,因此,"存在一种人类认识的历史,既能赋予经验知识,又决定经验知识的形式"。康德的批判哲学区分了经验、先验等等,并通过时空、范畴等,阐明了先天综合知识之所以可能的先验形式,正是这种"人类认识的历史"的反映。在现代经验中,在知识中创立了人这个可能性,包含着思想的一个命令：思想既是自己所知的一切的知识，又是其改正，既是它的反思对象的存在方式之反思，又是其转化。思想必须使自身的存在发生改变，或者在非思的方向上行进，否则无法发现非思。所以，"现代思想，一开始并且就其深度而言，就是某种行动方式"，现代思想是在这样一个方向上前进，即在这个方向上，人的他者应该成为与人相同者。于是福柯发现，人处于一种权力内部，这个权力使人散开，使人远离他自己的起源；但这个权力不是别的，就是人自己的存在的权力。现代性用源于人自身的权力来反对人自身。

现代认识型产生了人，也产生了关于人的新的经验领域，这就是人文科学。现代认识型在三个方向上敞开，这三个方向即：数理科学、经验科学、哲学思辨。人文科学并不在三者之中，而是在三者限定的区域内。就在这三个维度之中，为人文科学提供了空间，那么如何定义本质意义上的人文科学？根据两方面，"一是限定性分析在其中得以展开的维度；二是那些把语言、生命和劳动当作对象的经验科学据以能分布的维度"。实际上，人文科学只是就人是活着、劳动着、说话着的人，才关注于人。于是，在生物学、语文学相邻近的领域，诞生了心理学、社会学、文学和神话研究，构成了人文科学的重要领域。心理学基本上是依据功能和规范对人进行的研究；社会学基本上是一种依据规则和冲突而对人进行的研究；文学和神话的分析根本上是一种有关意义和指称系的分析。每个领域都可以用另两个模式作为次要模式进行研究，但是这种"人"的科学是现代认识型的组成部分，并不是科学。因为使人文科学成为可能的，就是某种与生物学、经济学和语文学相临近的位置；"只就人文科学处于生物学、经济学和语文学的旁边，或确切地说，处于其下面，处在其投影空间中而言，人文科学才存在着"。

人文语义学探讨的是词—人—物之间的关系问题，福柯的这本《词与物——人文科学考古学》为我们理解把握人文语义学提供了参考框架。书中梳理了人是如何一步步把自己放置到世界中心的位置的，人文科学以"人"为对象，心理学以"心理人"为对象，社会学以"社会人"为对象，文学以"人性"为对象，仿佛这个世界都是以"人"为中心而构建起来的，真理掌握在我们手里，而这一切其实只是人类知识所构建起来的幻想。在《词与物——人文科学考古学》一书的最后一页，福柯写道："人将被抹去，如同大海边沙地上的一张脸。"人的终结，人的消失，这说明了什么？要注意福柯并没有说人已经消失，而是说"人正在消失"。事实上，人一方面不断被种种人文科学及其他现代科学所构建、强化；一方面又不断地受到精神分析学、人种学、语言游戏的消解、解构。但是，正是这个正在不断消解的过程，显示出一种新哲学的希望，使人有可能从"人类学沉睡"中醒来。在人文语义学看来，"去人文性"是现代语言的研究趋向，也是人文学术的科学化表现。在科学主义治学范式的长期影响之下，起源于欧洲的历史语义学也流布着去人文化的色彩。无论是作为研究领域，还是作为研究方法，历史语义学都是以语词/概念为中心的研究，它着眼于语词含义的重大变化，目的在于发现并阐明语词在过去与现在之间的差别及其起源和成因。人文语义学是再人文化的学术努力。人文语义学认为人类思想的整个发展过程中根本不存在固定不变的辞典式"语词"，而仅仅存在着不同时间、不同人群使用不同语言的实践过程。语言是人类精神在具体语境中不由自主的流射和创生，人文语义学认为不能脱离具体语境来讨论语词的意义，要在语言的动态实践中来研究语言，关注语言的语用过程和交往语境，也只有在多元的实践使用中才能把握语言的真切意涵。人文语义学强调，语词是"历史与文化的投影"，是"与整个人文学研究相贯通的研究领域"。语言是人类表达自我、沟通他者的工具，但语言并非自明的，它既包含明确的语义内涵，也包含了人类在使用过程中赋予的人文体验和情感意义。人文语义学不仅对语词的内涵演变进行专门探讨，更重要的还在于关注语词在人文运用中交织冲撞出的语义内涵，重视它们与当时人类社会语境变迁之间深刻微妙的互动与关联。

（褚金勇整理）

二、洛夫乔伊《存在巨链——对一个观念的历史的研究》

在我们的生活周围，万物生长，生生不息；在广袤的宇宙空间，日月星辰，各类天体运行，有条不紊。这些都是一种存在，我们总是不自觉赋予这些存在事物以某种秩序，如天与地，春夏秋冬,再如从无机物—有机物—昆虫—鱼类—两栖动物—爬行动物—哺乳动物—灵长类动物—人的生物进化。所谓秩序,一种在特定时空内由规则确立的稳定的、连续的、确定的状态。秩序宏伟又难以想象,在秩序宇宙中学习、思考。太阳东升西落,苹果落向地面,人的生老病死,任何人无一幸免被规则约束。宇宙,其大无外,其小无内,无边无际,无始无终。宇宙是无限的,人类相对宇宙来说是非常渺小。宇宙是不以人们的意志为存在的自然天体。对秩序的需求,建构了人的认知框架,令人自愿沉浸于特定的价值观念圈层秩序从何而来,关于链接万物的模板,与宇宙运行的神圣蓝图,在这些我们不自觉的万物秩序背后,是我们的观念。这便是观念史学家洛夫乔伊所要思考探讨的"存在巨链"。"存在巨链",顾名思义,"存在"以某种特定方式被有序固定在一条无形的巨链之上。在宗教哲学的世界里,我们的存在以如下方式被述说:巨链的最底端是泥土岩石以及其他没有生命体征的物质;在它们之上的是植物,然后是昆虫类,再往上是老鼠以及如老虎、大象此类的动物;进一步向上便是我们人类,人之上是天使,天使之上是上帝。在这个链条模型中,各个等级的位置是不可变更的、固定的。"存在巨链"同时是一个观念之链,一个从柏拉图以降到19世纪整个西方思想史长程变迁的观念之链。一个环环相扣、连续不断、时隐时现的观念之链,贯穿于不同的话语、文化和学科,支配着人们的行动,且不局限于某个时代。

《存在巨链——对一个观念的历史的研究》(*The Great Chain*

of Being: A Study of the History of an Idea）是美国当代著名观念史学家阿瑟·O.洛夫乔伊在1936年出版的一本重要著作，于2015年由商务印书馆翻译出版。洛夫乔伊早年接受纯正的哲学教育，1910—1938年长期执教于约翰·霍普金斯大学。1922年，洛夫乔伊在约翰·霍普金斯大学成立观念史学社。1936年，他出版了《存在巨链——对一个观念的历史的研究》一书，由此奠定了观念史研究理论和方法论的基础。此后，他还发表了一系列的论文，例如《观念的历史编纂学》（1938年）、《现在的观念和过去的历史》（1939年）等，从方法论上进一步阐述了观念史的研究。他还相继开设了观念史课程，制定了教学大纲并且出版了教材；1940年创办了《历史观念史》杂志；同年，观念史词典也开始出版。洛夫乔伊是观念史的主要创始者，通过他的努力，终于将观念史研究发展成为一个有着自己研究对象和方法的学科。在这本书中，洛夫乔伊提出"存在巨链"的比喻：整个世界和上帝被一条锁链联系在一起，一切存在的事物都能在这条锁链中找到它的位置。这就是所谓的"存在之链"，即世界上的万物按照由高到低的顺序在自然界中的排列，位于最底端的是一些最基础的事物，位于最顶端的则是上帝。"存在巨链"既是指万物的秩序，也是历代思想圣贤关于人—世界—宇宙之所以存在的一些宏大又切身的思考。在洛夫乔伊眼里，柏拉图也好，笛卡尔也好，康德也好，就如同一个个铁环，但是他们之间存在着一些潜在联系，能够串成一条"观念巨链"。作者主要研究了"存在巨链"这一观念群的产生与发展过程，同时研究了这一观念群与它们赖以产生的充实性原则、连续性原则、充足理由原则等思维原则之间的联系。但洛夫乔伊所梳理的由柏拉图而起的哲学史，却记述了一座名为万物秩序的观念大厦的坍塌，其结果将把人带去何方呢？

"存在巨链"构成了宇宙中一切存在物的存在秩序和运动变化的有序方向，万事万物在其各自形式和目的规定之下的有秩序的运动和变化。洛夫乔伊认为，"存在巨链"是最有影响力的理解宇宙的一种方式，它暗示了对神的性质的某种认知，是前现代（主要是西方）各宗教和智慧传统的世界观核心。所谓"存在巨链"，即从物质到身心再到精神层面层叠交织的现实世界图景，每个较高层次超越且涵摄前一较低向度。他坚持认为，不了解这一点，"对西方思想历程的理解是不可能的"。书中隐含的观点是，正如首先由柏拉图认清的，宇宙本质上是一个理性世界，所有的有机物组成一根巨大的链条，不是从低到高（因为柏拉图能够看出，即使低等生物在其体系内也是完美的适应的），而是存在一个普遍意义上的等级秩序，从虚无到无生命世界，到植物王国，再向上进入动物王国和人类世界，再向上进入天使和其他"非物质的、思想的"实体，最后到达一个最高最超越的存在，即终点或绝对。除了说明有一个理性的宇宙外，洛夫乔伊还说，链条还暗示了某些现象的"非现世性"，不仅指"绝对"（或神），还特指"超感觉的永恒实体"，即"思想"和"灵魂"。

宇宙是复杂的，也是完美的，我们人类居于其间生产生活，难免会思考这万事万物和谐发展的宇宙秩序是偶然形成还是有更高的力量居中指导？从柏拉图、亚里士多德，途经经院哲学家们、莱布尼茨，到文艺复兴、启蒙运动、18世纪浪漫主义，伟大的人们从不曾停止追问与思考。洛夫乔伊旁征博引，梳理论证历代哲人关于存在巨链的思考与论述。他从西方思想史对柏拉图的注疏传统出发，梳理了对立的两种观念。柏拉图主义的最持久的影响就是它的两个世界，一个是彼世的、自足而完善的；另一个则是此世的、创生而在存在物的等级序列中显现自身的。今世／来世、此岸／彼岸、超越世界／世俗世界、形而上世界／形而下世界、理念世界／现实世界。（1）理念的世界：这个世界是自足的、不在时间之中的、超出普通人类思维和经验范围之外、不需要一个由较小的存在物构成的世界来补充或增加其自身永恒自我包含的完善性（不需要此世）；（2）现实的世界：这个世界不是自足的、不是绝对的、它的本性要求其他所有种类的存在物的存在、是创生力的上帝、要求被造物的多样性、要求时间秩序以及自然进程中的多样性来发现这个上帝的显现。柏拉图的疑问与思考：为什么在一个理念的永恒世界（来世），还要有一个变化的世界（今世）？或者说在一个变化的世界（今世），还是有一个理念的永恒世界（来世）？在柏拉图这里，自足完满性的理念，被转换成一种自我超越的生育力的观念，一个无时间性的、无形体的太一就成为一个暂时的、物质的和极端复杂和丰富多彩的宇宙之存在的动力学起源和逻辑根据。来世的生活不被想象为一种在种类上完全不同于今世的东西，而只是想象为与今世同类的东西的大量增加，只不过去掉了其中无价值、令人厌恶的特性，那么它实质上就是今世观最极端的形式。

怀特海（A. N. Whitehead）说，西方哲学史是对柏拉图做的注脚。《存在巨链——对一个观念的历史的研究》可以说是对存在巨链之观念的一段注释，考察了从柏拉图开始到谢林为止的这段时间里，以充实性、连续性、等级性为原则的一组单元——观念的历史变化。在这种秩序之中，充实性原则要求每个可能的位置都被填满。太一是完满的，因为它什么也不追求，什么都不要拥有，而且什么都不需要。从柏拉图的充实性原则中可以直接推导出连续性原则。如果在两个给定的自然物种之间有一种在理论上可能的处于中间地位的类型，这种类型就必须被实现——这种情况延续下去，直到无限。不那样，宇宙中就会出现空隙，这将意味着一种不能允许的结论，即世界的起源和创造者就《蒂迈欧篇》中所说的"善"这个形容词的意义而言就不是善的。莱布尼茨在一封信中写道："连续性法则要求当一个存在物的实质性属性接近于另一个存在物的实质性属性时，这个存在物的所有的特性都必定同样地逐渐接近另一个存在物的特性，自然存在物的所有序列都必然地形成一个单一的链条。"整个中世纪直到后来的18世纪，许多哲学家、多数科学家以及大多数有教养者，都毫无疑问地接受了关于世界的计划和结构的思想——宇宙是一个"巨大的存在之链"。这个存在之链是由大量的，或者——根据严格但很少精确运用的连续律逻辑看来——是由无限数量的、排列在一个等级森严的序列中的环节所构成的。这个序列由最贫乏的、只是忽略不计的非存在的那类存在者出发，经过"每一种可能"的程度，一直上升到完满的存在——或者按照某种更正统一些的说法，一直上升到被造物的最高的可能的种，在被造物和绝对存在之间被设想为有无限大的悬殊——它们中的每一个都因"最少可能"的差别程度而不同于紧挨着它的在上和在下的存在。在古代和中世纪思想中，普遍具有关于存在的等级秩序的观念，"存在巨链"观念便是一个典型的表现。在存在巨链上从一端到另一端，依次为无机物、植物、动物、人、精灵、天使等。存在之链由全部单子所构成，这些单子排列在按照从上帝到最低级的有感觉的生命等级的连续之中，没有哪两个单子是完全一样的，每个单子都依据最小可能的差异而区别于在等级序列中恰好低于和高于它的那些单子。

　　柏拉图的两个世界（上帝）的观点为何在17、18世纪得到关注与讨论？因为17、18世纪的欧洲天文学、生物学、数学、化学、几何学等自然科学迅速发展，见证了自然哲学和政治哲学、伦理学上的双重思想改变。科学革命的结果，乃是空间和时间的数学化理解。近代政治哲学和伦理学的变化，其根基是自然法学说的改变，人的道德秩序的自然法学说与关于外部世界秩序的自然观之间存在同构关系。近代之前的世界图景包括几个层面。在宇宙论上，哥白尼之前的典型宇宙图景是一个以地球为中心、由层层天球包裹着的有限宇宙。这个宇宙模型由亚里士多德提出，由托勒密予以完善。有限宇宙是一个具有等级秩序的、被赋予价值的、层次分明的空间。亚里士多德区分了月下界和月上界，前者是富于变化的现象世界，充斥着缺陷、罪恶、卑劣；后者是永恒不变的以太空间，代表着完美、完满。地球位于有限宇宙的中心，也在价值等级上处于最底层；层层嵌套的天球距离中心渐远，而在价值等级上逐渐上升，直至最外围的天球空间，在价值上达于最高，是为至善。新宇宙观的五个创新表现为：(1) 太阳系中别的行星上居住着有生命的、有感觉的和有理性的被造物；(2) 中世纪的宇宙的围墙的毁坏，这些墙是等同于最外围的水晶天；(3) 有诸多恒星的存在；(4) 在这些别的世界中的行星上也有有意识的居民居住；(5) 物理宇宙在空间上的无限性、太阳系在数量上的无限性。这些新发现"使人类生活和地球的历史失去了独一无二的价值和重要性"，使得物理的宇宙不再具有任何中心，"它被打碎成（至少是）大量多样化的孤立体系，这些体系根据无法认识的理性计划分布开来"。近代科学革命首先发生在天文学和宇宙论领域，哥白尼的日心说修改了一千多年来以地球为中心的宇宙等级秩序；第谷对于新星的研究打破了亚里士多德月上世界与月下世界在本质上截然不同的断言；库萨的尼古拉和布鲁诺的宇宙论思辨提出了一个去中心的无限宇宙的设想。近代自然哲学还从对外部自然的研究中打开了针对目的论世界的缺口。伽利略的力学研究表明物体运动服从惯性原理，并不需要内在形式的推动。机械论科学进而在笛卡尔、霍布斯那里被演绎为机械论哲学，整个世界开始脱离目的论范畴，呈现为新的机械世界图景。从前以本质和目的推动运动和变化的"实体"变为广延化的惰性"物体"，服从惯性原理，处于各向同性的几何空间。近代之前的世界图景在本体论结构上具有各种价值等级层次；在变化方向上具有目的性和向善的伦理倾向，呈现出以本体价值上所界定的上层存在控制引导下层存在的金字塔结构态势，而科学革命下呈现为服从数学规律和惯性原理的世界图景。世界的等级结构被打破，在"去质"的几何学空间中各向同性，物质在空间中的运动和变化不包含任何伦理的意义，不具有任何规范性的含义。新的世界图景产生了重大人学后果，继而引发了伦理学、政治哲学、社会理论核心处的自然法观念在17世纪的转折。爱因斯坦是一位坚定的"机械决定论"者，他多次表示，他并不信奉人格化的上帝，而是"斯宾诺莎上帝"，即宇宙万物的法则。

从柏拉图到海德格尔，前后相隔两千多年的古人，竟然串成一条"巨链"，笛卡尔、康德等都只是这条巨链上的一个环。这条存在巨链并非不言自明，后来者需要一段一段拿出来认识解释，相互比较，反复揣摩，才能认识到这条巨链的存在，这也是每个思想史研究者的必经之路。洛夫乔伊的《存在巨链——对一个观念的历史的研究》看似探讨万物秩序，其实在探寻人类心灵的价值法则与意义世界。它着重探讨观念自身的再生产、人们如何调动自己的观念来进行实践性的行动，以及如何组织世界，由此在观念与社会之间建立起了一种紧密的互动关系。洛夫乔伊曾对观念有过这样一个评价:"观念是世界上最具迁徙性的事物。""存在巨链"是一个从柏拉图以降到19世纪整个西方思想史长程变迁的观念之链。虽然是历史的,但这条链条并不是由重大事件构成,而是由一个又一个的思想单元构成。单元—观念是思想史中"基本的、持续不变的或重复出现的能动单元",是一种独立于思想家大脑或思想体系之外的实体,其本质是不变的,只是在不同的时间出现在不同思想家的头脑之中,或者出现在不同的地域空间内,等待研究者去发现它们。单元—观念就像化学元素,不可再分,它可以和其他观念结合在一起形成新的样态,并以不同的方式存在于历史上的各种思想观念和思想体系中。打个不恰当的比喻,病毒不是细胞,体积微小而结构简单,只含一种核酸 DNA 或 RNA,必须在活细胞内寄生,并以复制方式进行种植。单元—观念的这种特性,使之很难被辨认,观念史研究者的任务却在于"清除单元—观念的模糊性,列举出它们各种各样意义上的细微差别,考察从这些模糊性中产生的观念混乱的结合方式"。

之所以将单元—观念作为其观念史研究的根基,洛夫乔伊主要是出于对传统哲学史的不满:第一,大量前后关联的论证和观点过于庞杂,让研究者无从下手,即便将之纳入学派或主义的框架中加以分类和简化,看上去依然混乱和复杂;第二,每一个时代都会出现新的哲学思想或观念,但它们大多是从一些老问题中引申出来的,缺少原创性,它们的大量存在遮蔽了在本质上真正独特的观念;第三,哲学家性格各异,研究的侧重点亦不相同，或者从相同的前提中得出的结论也有所偏差，这就让人们很难把握哲学问题的实质。而从单元—观念入手，可以从各种哲学体系庞杂的表象背后看到问题的本质，进而更容易从整体上把握和理解哲学史。洛夫乔伊列出了五种类型的单元—观念：（1）含蓄的或不完全清楚的假定，或者或多或少未被意识到的思维习惯；（2）一代人理所当然的信念或思想设定，逻辑论证的主题；（3）各种对形而上学激情（奥秘、风格、审美），体现人的行动意志；（4）神圣的词语或短语，探索一个时期或一场运动中的非凡词语和短语的多义性及其不知不觉的转化；（5）特定的命题和原理（比如所谓的存在之链）。"观念单元"作为一种人类基本观念的显示，它会体现在支配与制约着人类的各种行为，并具体化解在各个领域之中。例如，看起来园林艺术与观念丝毫没有关联，而事实上，园林样式的不断变化是由于人们观念的变化，正是人们的观念差异才造就了不同风格与形式的园林。因此，洛夫乔伊说："单元—观念以各种重要性出现于其中的那些无论是被称为哲学、科学、文学、艺术、宗教还是政治的历史领域，去追溯历史学家如此离析出来的每一个单元—观念。"正是由于这一特性，观念史研究具有了一种跨学科的特性，或多学科特性。

在洛夫乔伊那里，哲学史被看作"大多数哲学体系是按照它们的模式而不是按照它们的组成成分来创立或区分的"。对思想史所研究的思想观念而言，这些按惯例加上 -isms 的东西，通常不是观念的历史学家所关注的终极对象；它们仅仅是一些原始的材料。如果说思想史是研究高度专门化的某一种思潮或思想的话，而观念史则是探讨能够成为这一思潮与思想的基础与设置。"history of ideas"严格来说应译为"观念史"，但在西方它往往可以与 intellectual history（思想史）互换，就是因为思想史最初就是观念史。美国、法国和德国都有观念史和概念史研究，不同的是，在德国，精神史长期占思想史研究的主导地位，而法国的思想史研究的重点是集体的心态或精神。法国著名史学家拉布鲁斯（Camille Ernest Labrousse，1895—1988）就认为，"观念史"说到底还是"集体心态史"，是"判断、感情、态度史"，是对"集体心态的研究，它只能是对社会心态的研究"。洛夫乔伊说："我用观念史这种说法所表达的东西，与哲学史相比较，它既更加特殊一些又范围更为广泛一些，它主要是借助那些与它自身相关的单元的特征使自己区分开来。"洛夫乔伊的观念史不仅打破了哲学史研究的沉闷局面，而且为史学研究尤其是思想史研究提供了新思路。当然，观念史的创造性和活力不单单在于"单元—观念"所蕴含的种种新的可能性，还体现在观念史的跨学科特性和跨民族特性上。洛夫乔伊认为，"单元—观念"虽然重要，但难以辨析，因为它们存在于不同学科中。只有对"单元—观念"进行跨学科的综合考察，人们才能够识别进而理解它们。同时，只有将它们置于多学科背景下，人们才能看到这些观念在历史中的意义以及它们与其他观念的相互作用、冲突和结合，从而把握其实质。

人文语义学倡导重新回归观念史。之所以重回观念史，乃是因为不满于概念史在研究中偏执于理性、逻辑的周延性,而忽视了语言表达本身的模糊性与情理交融。概念是理性的、逻辑的,而观念则是情感交融的、非理性的表达。人文语义学倡导重回观念史在于摒弃洛夫乔伊传统观念史研究的僵化教条,抵抗概念史研究的理性至上逻辑。洛夫乔伊的观念史研究与人文语义学研究有着相同的致思路径:(1)从秩序言说到观念审思:事物秩序背后的观念烙印。洛夫乔把存在巨链当作了基本观念,以此拷问历代思想家的问题回答与观念演变,这种通过"基本观念"理解历史的观念史路径给人文语义学以启示。人文语义学倡导重回观念史,在于关注包裹着层层观念的语词,拆解语词中层层叠叠的观念,以处理"一与多"的关系,既尊重多元观念的客观存在,又要有着协同化一的理念追求。(2)从"单元—观念"到"观念词":以词汇寻找观念的巨链。洛夫乔伊认为观念史研究的就是这些西方思想传统中经久不变的、被人们继承下来的基本观念,他主张分离出某些构成复杂信条和理论学说的具有普遍意义的"单元—观念",考察它们的产生和发展过程以及如何被重新组合进入各种思想系统的。人文语义学是以关键词为依托,以观念词为寻绎对象,探寻从概念到观念之起源、演绎、衍变之"史"的一门学问。(3)从问题意识到问道意识:宏大而切身的思考。在历史学科"碎片化"的时代,宏大叙事被消解,宏大问题不再是关注的核心,在洛夫乔伊的理解中,单元—观念是思想史中"基本的、持续不变的或重复出现的能动单元",其探讨"单元—观念"有"以词问道"

的自觉，而人文语义学旨在通过语词阐释分析不同时代、地域、族群、圈层的价值观，超越语言的藩篱以探求心灵的普遍性，化解不同语词观念背后的价值紧张，探寻人类生活发展的共同之"道"。

（褚金勇整理）

三、冯天瑜等《三十个关键词的文化史》

《三十个关键词的文化史》一书是 2021 年中国社会科学出版社出版的概念史论著，由冯天瑜先生和他的学生聂长顺教授合著。书中选取了三十个关键词，根据它们的生成机制进行分类，追溯这些概念的来源、生成过程和演变历程。通过对历史和文化的总览，将术语研究拓展到了文化史的领域。诚如陈寅恪先生所言："凡解释一字即是作一部文化史。"该书是冯天瑜先生继《新语探源：中西日文化互动与近代汉字术语生成》（中华书局，2004 年）、《"封建"考论》（武汉大学出版社，2006 年）之后，关于"历史文化语义学"的一部集大成之作，对当代语义学研究的发展产生了极大的影响。

冯天瑜先生曾任武汉大学人文社会科学资深教授，从事中国文化史、湖北地方史、概念史研究，著有《中华文化史》等。冯先生倡导"历史文化语义学"，主要关注关键术语和概念在时间传承和空间转换中的文化背景分析。"其中包含了理论、方法及实践等层面的价值,对于考察中国学术文化的近代转型具有重要意义。"①《新语探源:中西日文化互动与近代汉字术语生成》和《"封建"考论》两部专著极具代表性,而本书可视为作者对"历史文化语义学"研究的集成性成果。

冯先生的学术探索在父亲的影响下开始,他从传统考据学中培养出对考证的敏锐意识。同时,他受到近现代大家王国维、陈寅恪的启发,加深了对概念史的兴趣。随着年龄的增长,他开始涉猎西方学者的前卫著作,拓宽了自己的研究视野。在20世纪到21世纪之交的那十年里,冯先生受邀赴日本进行讲学和访学,结识了许多日本的史学家、哲学家和语言学家。他也与一些在海外从事概念史研究的华人学者交流,深入领会了概念史研究在汉字文化圈中的具体操作方法。

冯先生的概念史研究受到中—西—日学术互动的综合影响,正是在这一基础上,其学术理路可概括为以下三点:第一,博稽史料,微观考据。"义理、考据、辞章"三者相济,善于发掘大量的国内外一手史料,在精密考证中对关键词辨误析疑。第二,关注文化转型,揭示词语的文化内涵和意义功能。通过深入相关学科,将概念解析与社会文化态势及传播主潮相结合。第三,坚持人文关怀,重视新语构成规律及理论的探索总结。他将关注目标定格在历史和现实的坐标之上,体现出建设性的

---

① 余来明:《"历史文化语义学"研究方法举隅——以"文学"概念为例》,《武汉大学学报》(人文科学版)2011年第6期。

文化关怀，由具体个案上升到理论高度。冯先生所倡导和实践的"历史文化语义学"学术理路在研究格局上实现了三个层面的结合。它包括术语生成演变的一般性历史叙述，核心概念的深入考辨，以及转型期中国文化史的重新建构。他的研究成果与《中华文化史》《中国文化生成史》等文化史建构的著作相呼应，我们得以更深入地了解和探索中国文化的发展历程。

一般来说，"语言包括语音、语法、词汇三要素，其中表达概念的词汇是基本语言符号，是具有独立意义的微观世界"①。"在语言的意义链中位居枢纽、表达文本要旨的基本词汇可称为'关键词'（Keyword），蕴含着某一文化序列的核心概念（Key Concept），构成人类精神网络的纽结。"②在历史长河的演进中，随着文化背景的变迁，对同一词汇的诠释往往会因其所指向的具体内容差异而呈现出多样化的意义。自晚清以降，近代中国社会经历了前所未有的巨变，众多新思想、新现象、新科技如雨后春笋般涌现，这些新兴元素通过不断涌现的新词汇、新术语得以准确表达。用费正清的话说，即"每一领域内的现代化进程都是用各该学科的术语加以界说的"③。近代中国新词汇的大量涌现，实际上是中国文化在面对西方文化冲击时的自

---

① 张志毅、张庆云：《词汇语义学》，商务印书馆2001年版，第12页。
② 冯天瑜、聂长顺：《三十个关键词的文化史》，中国社会科学出版社2021年版，第3页。
③ 〔美〕费正清编：《剑桥中国晚清史（1800—1911年）》（下卷），中国社会科学出版社1985年版，第6页。

然反应，揭示了传统文化在现代化过程中的转变。然而，这一时期，中国社会中普遍存在的"文化保守主义"思想，使得人们对自身文化成果缺乏应有的珍视与利用，导致许多学术新名词被忽视甚至遗忘，面临着被埋没的风险。因此，对近代新名进行语义学（考辨词语意义）研究很有必要，不仅能够追索核心概念的生成和演变历程，对考察中国学术文化的近代转型也大有裨益，更有助于在新时期增强民族自信心，巩固中华民族的内生凝聚力。

然而，近代文化关键词研究并非一蹴而就。如科学、自由、共和、中华民族等，都是关于近代中、西、日文化互动的重要语词，涉及政治、历史、哲学等诸多专学，对学者知识广博度要求高，特别是对近现代史的全局把握和深刻理解，考察概念选取能力。其次，实物类词语的考察可以借助年代不同的辞典，但概念、术语属于文化和精神层面，其时空变换不一定反映在现有条目之中，往往存在某些新语的概念误植和概念泛化现象，需要学者明辨纠谬。另外，学者还需要警惕词源考辨中存在的假定性。这些难题可能随着新资料的不断发现而发生根本性的改变，因此结论也常常具有很大的危险性，更要求学者对这些问题有一个历史而具体的认识。

21世纪初，国内学界兴起"关键词"热，冯天瑜先生也致力于"历史文化语义学"的研究。本书中冯先生选择三十个核心术语（多半源自古代经典，经由历史衍化，在明清时期或清末民初的中西文化交融背景下形成的一系列近代新概念），依据其产生的路径,分类为六个维度:古典引申、语义假借、借形变义、新名创制、侨词来归、名实错位。他跨越古代与现代、东方与西方的时空范畴,深入探究这些概念的起源、形成过程及其变迁轨迹。此研究不仅拓宽了语义学领域至文化和思想史的深度,同时也使得文化史的探讨(包括文化交流的历史)得以具体落实到词汇的演进分析之中,增强了分析的实证性和深度。通过双向努力,试图获得一种概念史研究的经验性理路。

我们试以"自由"一词为例,理清作者新语研究的分析模式。

首先,术语生成演变的一般性历史叙述。概念史研究的是概念在历史演进中的不断变化,研究对象是概念的歧义。作者将"自由"归为语义假借类新语。"以'自由'翻译 liderty 和 freedom,便是中西概念对接、彼此格义的结果。其次,核心概念的深入考辨。'自'与'由'组合成'自由'一词,兼纳'自'的自我义,'由'的不受限制义,其古典义为'任意、随意、自恣、自专',使人联想到嵇康'越名教而任自然'式的旷达与洒脱。"[①]到了近代,"自由"含义发生改变——19世纪日本通过对译西洋概念,逐渐将"自由"从生活用语演化为近代政治及哲学术语。19世纪和20世纪之交,梁启超等在书刊中使用"自由"一词(进步义),与专制主义相抗拮。到新文化运动,李大钊、殷海光等将个人自由与国民权利联系起来。最后,

---

① 冯天瑜、聂长顺:《三十个关键词的文化史》,中国社会科学出版社2021年版,第221—237页。

转型期中国文化史的重新建构。"自由"概念义的不断嬗变引导着文化史的变迁。如今,"自由"的古典含义依然在使用,而近代的"自由"在政治、法律和伦理等领域则有着不同的要求和表现。"自由"一词通过中西语汇涵化获得公众认可与推广,众多近代新语一道反映了传统文化的现代转型。

作者竭力梳理和叙写词汇发展及其意义,揭示词语背后的历史蕴含和隐含动机,并将之归于"历史文化语义学"范畴,凸显文化史研究的理论基点和方法创新。文章聚焦于揭示词语背后的文化意义,呈现出对词汇演变的深入探讨,主要体现在以下几个方面。

第一,遵循词汇背后的历史语境,求历史之真。"剑桥学派"的昆廷·斯金纳认为:"任何思想家的陈述不可避免地体现着特定的意图,依赖特定的条件,为解决特定的问题而发言。"[1]思想史研究的根本遵循是历史性,冯先生也致力于实践"语境中的思想"。他考察历史中"自由""民主"等文明观念,重视挖掘文本背后的表达意图、修辞动机,同时将它们置于思想演进的"历时性""具象化"的语境中予以审视,从而实现对经典文本的"历史重建",最终重新认识这些语词观念。另外,恢复历史原目是新名阐释的基础。冯著通过考索一手材料,精心提炼,以求历史之真。如参照《四洲志》《海国图志》《瀛寰

---

[1] 〔英〕昆廷·斯金纳:《观念史中的意涵与理解》,任军锋译,载丁耘主编:《思想史研究》(第一辑),上海人民出版社2006年版,第95—96页。

志略》等一手文献，梳理林则徐、魏源、徐继畲等人的新语贡献，从而能够达到对语词的整体观照和系统阐释。

第二，揭示概念误植与概念泛化问题。当我们将外来概念用汉字词进行对译时，若脱离了汉语词古典义和与对译外来语含义之间的联系，就会出现"名实错位"，导致"概念误植"。例如，"自由主义""个人主义"等译词与原始外来词的意义相去甚远；再比如，将"黄色"指代淫秽、色情，远离了黄色在汉语中"五色之一"或"大地色"等本义。这种名实错位不仅存在一定的原因，而且若过于广泛使用，将会严重危害到学术研究的准确性。冯著在其研究中探讨了误植新语的考辨问题，填补了前人未曾触及的空白，为新语研究的拓展提供了新的支撑。在概念演绎过程中，出现偏误是司空见惯的现象。有些情况下，这种偏误可能会促成其自然演变，但如果概念的失误导致了严重的学术混乱，就需要进行必要的澄清和说明。只有通过审慎研究和探讨，才能避免概念误植现象给学术研究带来的负面影响，使新语研究更加准确地推进。

第三，坚守"历史文化语义学"的"人道"精神。在文化不断撕裂且沟壑越来越深的今天，情感在不知不觉中碾压着理性，同时也伴随着信仰与价值的错位乃至错乱。语义学是一门以文本研究为基础的学问，但由于文字与实物形式本身的局限性，以及史料与研究者主观性的双重制约，任何权威性的描述与解释并不是还原和全面的。唯有透彻解析特定情境下特定人群赋予"语"的"义"（即意义与道德准则）的问题，方能确保我们自建话语系统的内在信服力。在关键词的考辨环节，作者聚焦于历史与现实交织的坐标体系，展现出一种积极建构的文化关怀态度。人文语义学的理论追求，核心在于由认识问题（意识的觉醒）向探求真理（意识的升华）的转化过程。以"人"为立足点，以"人语"为出发点，以"人道"为归宿点。相较于自然科学，人文科学的显著特征是对人类尊严与价值的深切关注，人文语义学研究首先应从阐释分析一个个关键的概念词做起，绵绵用力，久久为功，以达到"以词问道"的终极学术追求。

冯氏提倡"历史文化语义学"在概念史领域的应用研究，无疑促成了概念史新语探源的一个新支脉，对当代语义学研究的发展产生了极为重要的推动力。但与此同时，学界对这种分析模式也存在一定争议。

首先，文本研究（"语言学转向"）因其自身的局限性而在某种程度上已然过时。我们知道，本书虽然可视为冯氏几十年概念史研究的综合与升华，但更多的是延续21世纪初《新语探源：中西日文化互动与近代汉字术语生成》《"封建"考论》两本专著的分析思路，没有太大实质性转向。这其实反映了21世纪以来史学研究出现的"语言学转向"的背离趋势。至20世纪90年代，历史学的"语言学转向"已深入历史学研究的各个层面，将历史文献和实证材料甚至一切涉及历史研究的要素，都赋予了文本和话语的属性。然而，随着21世纪的到来，学界对文本概念的探讨与话语分析的热忱逐渐降温。这种转变并非偶然，而是反映了历史学研究方法的多样性和学术趋势的演变。

虽然文本和话语分析在历史学中仍然占据重要地位，但学者们开始更加关注其他研究方法，如数字人文、大数据分析和跨文化比较等，以期更全面地揭示历史的复杂性和多样性。我们今天的历史学者应该不懈思考：新的范式在何种程度上能够为自己的研究所用，哪些方面有夸大的嫌疑，哪些方面具有永久的价值。文本研究需要特别注意对历史语境与时空演变的把握，从细节处探索历史的真相。

总之，本书是冯天瑜先生关于"历史文化语义学"的集大成之作，在语义分析模式和治学理念方面开辟了新道路。唯有正确认识《三十个关键词的文化史》方法论的得失，方能最大程度发扬冯氏概念史研究方法的精妙之处，为今天的人文语义学研究做出新的贡献。

（吴桐整理）

四、海登·怀特《话语的转义——文化批评文集》

《话语的转义——文化批评文集》（Tropics of Discourse: Essays in Cultural Criticism）一书是海登·怀特于20世纪60年代后期和70年代发表的一系列文章的汇编，由大象出版社2011年出版。怀特深受哲学、文学和语言学等多学科研究成果的启迪，在继承前人理论基础上提出了独创性的观点，构建了一套独特的转义理论。译者在译后记中提到了作者将其命名为此的原因："书中所含诸文都是以这种或那种方式探讨所有话语特别是人文学科话语中的转义成分及其发挥作用的方式。"①

在谈及该书内容时，我们需要了解作者的另一本书《元史学：19世纪欧洲的历史想象》(Metahistory: The Historical Imagination in Nineteenth-Century Europe)。书中也多次提及有关话语转义的理论。《话语的转义——文化批评文集》一书进一步阐释话语转义理论，在这本书中，当作者论及历史叙事、话语转义等一系列问题时，都将其与"元史学"进行比较或者在深究历史本质时指向"元史学"。为了便于理解作者在《话语的转义——文化批评文集》一书中的观点，我们需要了解什么是"元史学"，该词是作者在分析历史时自创的词汇。总结作者在《元史学：19世纪欧洲的历史想象》一书中强调的重要内容：认为史学作品中占主导地位的比喻方式和语言规则构成了"元史学"的基础。

理解了"元史学"一词的由来和含义，论及书中对于话语转义理论的阐释，那么我们首先需要了解什么是话语的转义。怀特在本书的导言部分，从词源学角度向我们阐释了"话语"和"转义"。"话语是一种文类（genre），其中最主要的是要努力获得这种表达的权利，充分相信事物能够用其他方式来加以表达。"②"转义（tropic）一词源自tropikos、tropos，在古典希腊语中的意思是'旋转'，在古希腊共通语中的意思是'途径'或

---

① 〔美〕海登·怀特：《话语的转义——文化批评文集》，董立河译，大象出版社、北京出版社2011年版，第308—309页。

② 同上注，第3页。

'方式'。"①作者的话语转义理论受到雅各布森的语言学诗学理论和列维-施特劳斯理论、维柯四重转义理论等影响,将四重转义区分模式从人类文化史引向普遍的历史叙述领域,将历史文本的深层结构对应于隐喻、转喻、提喻和反讽四种转义类型,并以此构建出一套解释深层历史意识的转义理论。

在怀特看来,历史话语不可避免地受到这四种转义模式的制约。历史学家在叙述历史时,只能在这些转义模式中做出选择,而无法完全避免或超越它们。这一观点强调了历史叙述的主观性和解释性,即历史学家在构建历史叙述时,必须依赖某种形式的比喻或转义来表达他们的理解和解释。进一步地,怀特认为历史话语与文学话语在这一点上具有共同的基础,即它们都奠基于这种诗性结构之上。这意味着,历史与文学在叙述方式和表达手段上并没有本质的区别,都是通过对经验内容的间接或比喻性描绘来传达深层意义。这一观点打破了传统上历史与文学之间的界限。作者关于"转义"的观点与传统修辞学的看法有着显著的区别。传统修辞学常将转义视作一种独特的语言形式,与"标准"语言形式区分开来,仿佛暗示语言符号与其所传达的内容能完全吻合,且语言表达能够避免转义带来的不确定性。然而,现代转义理论对此有不同的诠释,其认为转义是思想和意识表达的自然且普遍的模式。在这种理论中,思想在捕捉和解析对象时,

---

① 〔美〕海登·怀特:《话语的转义——文化批评文集》,董立河译,大象出版社、北京出版社2011年版,第2页。

会形成固有的结构，这些结构正是基于人们日常使用的语言中基本转义类型所构建。这一新颖的视角不仅挑战了传统修辞学对转义的认知，而且为我们理解语言和思想之间的关系提供了新的维度。它强调，转义并非需要规避的语言现象，而是思想和意识表达中不可或缺的一部分。这种观点不仅拓宽了我们的视野，也激发了更深入的探讨和思考。书中也提及在转义的分类问题上，仍没有达成共识的迹象。怀特在书中对构建的四种类型的阐释历史的转义理论有具体详细的界定，笔者在此不再赘述。

话语转义理论是怀特整个思想大厦的基石，在这本书中，与之并行的还有另一重要理论——历史叙事理论。在怀特看来，叙事与转义学紧密相连：叙事是转义学的代码，或者说转义学是叙事的代码。怀特的历史叙事理论关联历史叙事与情节、语言分析、真实与想象等内容。谈及作者的历史叙事理论，要先注意到叙事、历史叙事、叙事历史这几个词语的不同，叙事即通过语言等方式对事件的论述，叙事历史是叙述真实历史的一种叙事形式。在本书收录的《历史中的阐释》一文中，怀特提出"历史叙事必然既是一个充分解释与未充分解释的事件的混合体，也是一个既定事实与假定事实的聚集体，既是一种再现（这种再现本身就是一种阐释），也是一种阐释（这种阐释被看作对叙事中所反映的整个过程的一种解释）"[1]。怀特认为历史叙事应该同时指向

---

[1] 〔美〕海登·怀特：《话语的转义——文化批评文集》，董立河译，大象出版社、北京出版社，2011年版，第52页。

两个方向：历史学家所论述的事件和所选择的叙事形式。他将历史叙事采用的类型划分为情节化模式、论证模式、意识形态蕴含模式。其中提到的情节化模式分为浪漫式、悲剧式、喜剧式、讽刺式；从论证模式角度出发可分为具体论（或称形式论）、语境论、有机论、机械论；从意识形态模式出发可分为自由的、保守的、激进的、无政府主义的。怀特思考认为某一特定历史过程必须采取某一种叙事形式，进一步表明，历史编纂作为一种话语，目的在于建构一系列事件的真实叙事，其中难免会包含修辞学成分。20世纪90年代以来在学术界对大屠杀相关的争论下，怀特的思想发生了变化，进一步思考文学和历史之间的明确界限。

学界对于怀特转义、历史叙事理论的研究成果比较丰富，对于怀特提出的转义理论褒贬不一。有学者认为怀特的话语转义提供看待历史和文学的新视角，动摇了传统学界对于客观性是历史写作的首要条件的观念，对于历史编纂、叙事写作观念、方法具有启发性意义。同时也有学者认为该理论具有自身的局限性，在某种程度上陷入了语言决定论或语言相对论的困境中，忽视了历史叙事中历史学者的道德责任感。还有学者认为该理论只是众多理论中的一种，我们无须将其作为绝对性的理论来指导我们的历史实践。

从怀特的论证内容来看，笔者在阅读这本书的过程中感受到作者对于西方文学、心理学、哲学、历史领域思想家理论方法的熟稔。论证时旁征博引，怀特的理论和方法站在前人思想的基础之上，并将其进一步发展，提出创新性的阐释，这是该书的一大亮点。笔者随之想到史学研究，随着时代发展，我们能感受到历史学者在进行史学研究时受到多学科理论、方法、模式的影响，新的史学流派的出现带动史学研究视角的拓展。

论及叙事方式，该书带给笔者一种非线性的、游刃有余、张弛有度的阅读体验。比如书中《野蛮的形式：一个概念的考古学》一篇，作者对野蛮人概念的剖析不是一种发展进程式的，而是考古学家探索反思式的，这也是该书给笔者的深刻印象之一。在语言风格上，书中除《历史的负担》一篇比较晓畅明白外，整体文笔风格偏向晦涩难懂，阅读时有一定的难度。

涉及书中作者的理论体系构建出的理论，以收录本书的第一篇——《历史的负担》为例。在该文中，怀特提醒读者注意到历史写作要成为一个关注对象，与未经历"语言学转向"之前，历史写作更多地被看作一个史料编排的过程。在经历"语言学转向"后，史学观念发生了变化，历史写作成了一个值得探究的理论问题。以历史写作中修辞手法运用为例，怀特提出的历史文本具有修辞性和文学性，重视语言影响思想观点表达上发挥的作用。提醒我们在历史研究和写作时注意觉察自己的主观性，觉察后尽可能采用比较直白的语言形式。笔者不是否定历史文本中的一切修辞手法，而是关注修辞用法在历史文本中应用的界限和"度"的把握。修辞手法的应用不应有损文本本身内容的真实性和明确性。

怀特的话语转义等理论另辟蹊径，提供了一个独特视角去看待长时段的历史编纂、叙事中历史的认识问题。有关怀特的话语转义思想，怀特提出的四种比喻类型，论证合理性时采用现象描述的方式，举例以西方的史学思想和一部分著作，而没有联系东方的史学思想和著作。怀特从文学的角度引入的四种比喻类型，在论证时仅说明了这四种模式，没有阐释为何是这四种模式，对于四种模式内在关联的阐释也有模糊之处。怀特在书中的论证内容更多地放在西方的文化背景之下，由于中西方叙事的方法、原则存在不同，怀特的历史叙事思想能否和我国的历史叙事思想实现对接？

对作者在书中提出的"转义"，笔者也在思考我国语境下"转义"的概念。在《辞典》中"转义"的解释为：字、词由原义中转化而成的意义，包括引申义和比喻义两类。对比怀特在书中提到的"转义"概念，在我国的文化语境下，"转义"一词的概念提出在言语的基础上通过引申或比喻的方式生成的意义，"引申义"相对于"本义"，在这里"引申"包含了更多的弹性空间，那么在我国的文化语境下总结话语的转义类型或许比怀特提出的四种转义类型要多。怀特提出的转义思想是高屋建瓴式的。史学理论、方法是不断积淀发展的，怀特在思考总结前人的理论、研究方法时采用"转义"一词进行整体归纳，书中也提到借用语言学上的隐喻、转喻、换喻、反讽并不能全部概述历史叙事的实际情况。转义是一种思维模式，史学家在记载或者表达自己的观点时采用不同的视角和表达方式，所看到的事件背后的含义会有所不同。那么史学家的个人经历体验、语言形式、语言间的转换、文化传统、史学家的道德责任感、以往的史学叙事方式，都会在不同层次、不同方面影响历史学者对历史叙事方式的选择。又或者历史事件、人物的丰富和复杂性给了历史学者选择，以不同的编码形式来阐释某一时期历史。

除历史学家的个人因素外，语言概念在社会发展实践中不断丰富，人们通过转义的方式来认识世界和表达意见。人们感知世界的方式是利用事物某些方面的特征。语言本身有很多可以探讨的问题，它有时会和我们的理性边界发生冲突，比如哲学中提出的各种悖论。比如罗素的理发师悖论在逻辑上成立，但在现实生活中又是不可能存在的。语言本身又具有模糊性，但这种模糊性并不一定是一件坏事，在一些情况下模糊是必需的。从哲学的角度来看，有很多词语具有模糊性，笔者认为语言的模糊性本身影响了历史话语叙述和建构的过程。同样的一段史料，切入的角度、解读史料的方式各异，很可能呈现的结论不同。人们在使用语言时转换不同于以往的表达方式，在语言形式上不断地有所超越或创新，人类的思维模式借助语言的结构模式表达，转义方法、策略选择是一个动态的过程。作者的话语转义理论让我们思考语言的不透明性，历史叙事、阐释要注意语言这一影响因素。然而，如果只是着眼于"话语"一个方面，就只能看到我们从这个视角所能观察到的历史上的现象，我们可能会陷入一种历史固定化、模式化、虚无化中，可能忽视历史背后那些曾经鲜活的生命。历史也不能只是公式化，有模式但不受限于模式。与此同时，我们需要思考话语指向的事件和人，历史的话语才能更加具有生命力，"转义"在历史话语中发挥了强大的作用，但"转义"是有边界的。

怀特在书中讨论了历史的定位、历史认识、历史编纂、历史文本以及对维柯、克罗齐等历史学家思想理论的看法。笔者在阐述该书时以怀特的转义、历史叙事思想为论述的主要内容，书中的其他理论同样值得探究。同时受限于笔者此时的认知水平得出关于《话语的转义——文化批评文集》一书粗糙的结论，对于话语转义理论会有其他的不同见解。

（李艳君整理）

五、昆廷·斯金纳《现代政治思想的基础》

昆廷·斯金纳《现代政治思想的基础》（The Foundation of Modern Political Thought）一书于1978年由剑桥大学出版。作为剑桥学派的代表之一，他在这本书中将近代国家观念的形成和完善看作是西方现代政治思想的基础，对政治思想史的实践方式产生了显著的影响。斯金纳撰写此书有三个目的："想扼要介绍有关中世纪后期和现代早期政治思想的主要著作；利用中世纪后期和现代早期的政治学说来阐明比较笼统的历史主题；示范说明对待历史文本的研究和解释的一种特殊方式。"[①] 他以"历

[①] 〔英〕昆廷·斯金纳：《现代政治思想的基础》，奚瑞森等译，译林出版社2011年版，第1—2页。

史语境主义"为研究方法,专注于钻研政治观念在特定时代的具体表现形式,以展示政治理论家们如何创造性地针对当时棘手的政治问题提出新见解和解决方案。

20世纪60年代,斯金纳开始发表一系列与历史阐释相关的方法论论文。与此同时,他还发表了关于霍布斯政治思想的论述,两者相辅相成,对本书的撰写产生了重要影响。斯金纳认为,他并不想引导读者理解所谓成熟的理论,而是想要告诉读者文本思想的早期话语背景和来龙去脉,而这也是剑桥学派所强调的"历史语境主义"。在他看来,政治思想史的重点在于偶然性,这些偶然性是某一特定概念在特殊历史时代的具体表象,而文本对后世的影响则是次要的。

《现代政治思想的基础》源于斯金纳于1965年在剑桥首次发表的演讲,在这一时期,斯金纳的方法论主要受到柯林武德和维特根斯坦的语言哲学的影响。此外,马克斯·韦伯(Max Weber)同样也对该书产生了重要的影响。韦伯的《经济与社会》是该书所引用的第一部作品,斯金纳使用了韦伯对"国家"的定义。20世纪70年代初,斯金纳开始密切关注韦伯理论社会学传统中的行动与解释理论。[①]1974年,在成为普林斯

---

① Quentin Skinner, "'Social Meaning'and the Explanation of Social Action", in Peter Laslett, W. G. Runciman and Quentin Skinner (eds.), *Philosophy, Politics, and Society*, 4th series, Oxford: Blackwell, 1972, repr. in Skinner, Visions, I; Quentin Skinner, "Some Problems in the Analysis of Political Thought and Action", *Political Theory* 2, 1974, pp. 277-303; repr. in Skinner, Visions, I.

顿高等研究所的成员后，斯金纳对韦伯的兴趣更加浓厚，因为在克利福德·格尔茨（Clifford Geertz）等社会学家身上，他发现了一种敌视实证主义的传统，这种传统可以追溯到韦伯的"理解"（verstehen）概念。① 而《现代政治思想的基础》也带有韦伯的色彩，韦伯并不回避人与人之间的关系是权力关系这一观点，他同时强调权力建立在强制的基础上，但在大多数社会中，人们被说服后转而要求合法性，这就把社会解释的重心从暴力的行使转移到合法性的产生上。韦伯认为，意识形态具有推动作用，当且仅当政治人物成功地公开阐释他们的野心时，他们的受众才会根据德行或爱国等标准评估其野心的合法性。而这就将公众注意力从明确主体（agent）的利益转移到明确社会所持有的价值观，以及精通话语的人是如何转换这些价值观的。"规范性语言是意识形态主义者发挥作用的舞台，这些语言可能会对实际造成严重制约，也可能会解放那些善于重塑常规的人。"② 《现代政治思想的基础》就是基于这些假设，例如，在序言中谈到"荣誉"这一人文主义准则时，斯金纳写道：

> 如果我们考虑一下政治舞台上一位迫切希望采取某种行动的行为者的地位——用韦伯的话来说，他也迫切希望

---

① A. Brett, J. Tully, H. Hamilton-Bleakley, *Rethinking the Foundations of Modern Political Thought*, Cambridge University Press, 2006, p. 4.

② 同上注，第5页。

证明这种行动为合法的——我心目中的论点就能够轻而易举地用比较笼统的措词表达出来。这样一个行为者可以说有一种强有力的动机,以设法保证他的行为能够以他的社会中已成规范词汇的术语——一种能够在叙述他的所作所为的同时将他的所作所为合法化的词汇——来加以自圆其说的说明。现在看来,以上所提出的意识形态与政治行动之间的这种联系的性质也许纯粹是手段。[①]

斯金纳的方法论著作使他成为"新政治思想史"的核心人物。在序言中,斯金纳介绍了他的文本研究方法,并表示"倘若处理得法,可以开始为我们提供一部具有真正历史性质的政治理论史"[②]。斯金纳在北京大学的一次访谈中解释了这种语境分析的具体方法,"将文本置于语境中理解,有互相关联的三个步骤:第一,文本所关注的政治与社会问题是什么……第二,文本作者在展开论证时诉诸的思想资源是什么。第三,文本在某种辩论光谱中所占据的位置,即文本对那个时代的政治做出了何种介入(intervention)"[③]。他将重点更多地放在了文本背后更普遍的社会和思想背景上,因此,"最为重要的思想语境并不是当下的语境,而是道德哲学和政治哲学古典作家在文艺复兴

[①] 〔英〕昆廷·斯金纳:《现代政治思想的基础》,奚瑞森等译,译林出版社 2011 年版,第 4 页。

[②] 同上。

[③] 李强:《斯金纳的"语境"》,《读书》2018 年第 10 期。

时期复兴所带来的语境"①。斯金纳的研究获得了一些政治理论家的认可,并引发了对历史背景进行深入研究的呼吁,对于大多数政治理论家来说,斯金纳的论述所揭示的前景都是令人耳目一新的。

12 世纪起,政治思想家们的关注重点更多在于意大利城市的自治与自由问题,城市共和自治屡受挫折后,他们从古典文化中获得支撑,如罗马法、斯多葛主义、《圣经》、古典修辞学等。宗教改革时期,面对政治分裂和战争,思想家的关注点转移到了民众的抵抗权问题上,民众必须弄清什么可以适当地限制权力,教会和国家的管辖界限是什么,以及人民在何时有责任反抗。斯金纳将当时的文本语境化,在此基础上探讨这些思想家如何与当时社会的政治生活产生互动。他的论述让我们看到了政治理论新的可能性,这也同时表明,政治理论的学术工作仍需更多努力与尝试,而不是仅仅依赖于经典文本即可。

《现代政治思想的基础》第一卷研究的是政治人文主义,尤其是共和形式的政治人文主义。该卷第一章以 12 世纪意大利各城市共和国对外反抗神圣罗马帝国和罗马教廷的压迫、维护自由独立,对内反对专制君主的兴起为背景,阐述了各城市政治家在法律方面为共和国的自由所做的辩护。与此同时,随着修辞学、书信写作技巧以及经院哲学的传播和发展,人文主义

---

① 张新刚、王涛:《剑桥学派与思想史研究——采访昆廷·斯金纳教授》,《史学理论研究》2018 年第 3 期。

开始出现,并出现了以修辞学方法和经院哲学观点为城市共和国自由所做的辩护。在15世纪,受政治环境影响,佛罗伦萨兴起"市民人文主义"。为应对现实政治环境,早期人文主义者以古罗马为借鉴,着重分析了自由的概念,认为共和政体才是最理想的政体。但是,现实中的共和政体因内讧、雇佣兵等而屡次失败,于是,早期人文主义者在探寻其原因时,提出了恢复古典价值的观点,即对共和国公民"美德"的提倡,着力说明"美德"对公民政治生活的重要性,这些美德不仅包括古典美德,还包括基督教方面的"美德",力图从人本身而不是从政治制度方面解决这些共和国的矛盾。而"美德"的建立需要正确的教育过程,即将修辞学和古代哲学结合起来进行研究。但是,到15世纪末,由于外部势力及内部贵族影响,意大利各共和国基本相继倾覆,以君主为主人公的书籍大量出现,人文主义者大多向统治者强调"美德"的重要性,并规劝统治者做事情应该符合"美德"要求。但马基雅维利提出,"美德"需要符合现实的需要——"当我们的国家的安全全然取决于所做出的决定时,根本不应该去理会这个决定是正义抑或非正义,宽厚抑或残酷,值得称颂抑或极不光彩。相反,应该将一切其他考虑束之高阁,而代之以全心全意采纳将拯救我们国家的生存并维护其自由的办法"[1]。

---

[1] 〔英〕昆廷·斯金纳:《现代政治思想的基础》,奚瑞森等译,译林出版社2011年版,第196页。

16世纪初,由于北方各国与意大利的交流,人文主义逐渐得到传播,北方的人文主义主要借助对法学和《圣经》的研究,对宗教改革和民族国家的产生发挥了重要影响。16世纪初的北方各人文主义的政治伦理哲学大体上是对意大利人文主义者观点的发展,比如都强调统治者应该将追求美德作为获取荣耀、荣誉、名声的途径。但由于政治环境不同,部分观点存在一定差异,例如西欧强大的等级社会制度并不需要过于强调共和自由,也没有来自雇佣兵的威胁。在对罗马法进行了枯燥的语言学分析后,法律人文主义成功地改变了人们对法律在社会和历史中的地位的整体认识。北方人文主义的词汇极大地增强了公民对法庭、教会和社会进程的认识、语言表达和行动能力。本卷最后还对保守派莫尔的激进乌托邦进行了研究。

第二卷的重点是宗教改革对"哲学家"和"法学家"的影响。在叙述了路德的神学预言及其政治影响之后,斯金纳提出的第一个问题是:"为什么路德的神示,尤其是这个神示的社会和政治含义,居然在如此众多而且性质各异的国家中被证明是强有力的和吸引人的。"[1]斯金纳承认,可以从许多角度来探讨这一问题,但他再次指出,"政治思想研究者"最重要的考虑因素必须是"路德的种种政治学说以及这些学说所根据的神学前提与中世纪后期的一些根深蒂固的思想传统有着密切关系——

---

[1] 〔英〕昆廷·斯金纳:《现代政治思想的基础》,奚瑞森等译,译林出版社2011年版,第23页。

而且有一部分是起源于后者的"[1]。因此，他提出了一连串路德教的"先驱"，并附有证据证明路德及其追随者曾向他们发出呼吁，而他们的许多追随者也回应了这些呼吁。[2] 斯金纳使用这种方法是为了使路德教的传播变得合理和易懂，他尤其强调了世俗统治者合作的重要性，世俗统治者"除了在控制教会财富和权力的斗争中将宗教改革的教义作为意识形态武器的显著价值外"[3]，对宗教改革的教义基本上不感兴趣。世俗权威与路德教改革的合作，与斯金纳关于宗教改革的第一个主要论点密切相关，即路德教起初主要是为了使专制主义合法化。斯金纳解释称，路德教否定了教会的所有管辖权，将其留给世俗统治者，而路德教的政治理论倾向于重新依赖自然法作为评判统治者的标准，对统治者的神权抱有一种本位主义的信仰，并以《圣经》的教导来要求臣民不抵抗。斯金纳谈到的有关宗教改革的第二个问题是立宪主义，即"一切政治权柄寓于全体百姓"的理论，为何"在这个时期居然得到如此戏剧性的发展"，以至于专制政府最终受到"现代第一个成功的政治革命浪潮"的挑战，[4] 他的答案主要集中于宗教改革前立宪主义的发展。

---

[1] 〔英〕昆廷·斯金纳：《现代政治思想的基础》，奚瑞森等译，译林出版社 2011 年版，第 23—24 页。

[2] 史敏：《在历史语境主义中开拓概念史的研究——读昆廷·斯金纳〈现代政治思想的基础〉》，《北京工业大学学报》（社会科学版）2014 年第 1 期。

[3] 〔英〕昆廷·斯金纳：《现代政治思想的基础》，奚瑞森等译，译林出版社 2011 年版，第 61—64 页。

[4] 同上注，第 122 页。

斯金纳同意罗伯特·费尔默爵士（Sir Robert Filmer）的观点，即人民主权由经院哲学家发展而来，因此他专注于反宗教改革的托马斯主义。在路德教中，他们特别反对教会是无形的、没有管辖权、只依靠经文的教义，以及市民社会建立在恩典之上的教义。在人文主义中，他们尤其反对塞普尔韦达为征服和奴役印第安人所做的辩解，以及马基雅维利式的国家理性。他们认识到路德和马基雅维利否认"作为政治生活的适当道德基础的自然法观念"①，并以重申理性和自然法则作为回应。斯金纳认为，托马斯主义的复兴适应了当时的专制主义，它主张教皇拥有间接的世俗权力，并声称统治者的权力以前并不为社会所拥有，因此不受法律的约束。斯金纳总结说，这种托马斯主义及其关于自然法、同意和"自然状态"的学说不仅为格劳秀斯和霍布斯提供了概念词汇和相应的政治论证模式，还"使论述政治义务的契约论观点开始在下一世纪中起着决定性的作用"②，特别是通过约翰·洛克的《政府论》。斯金纳提出的有关宗教改革的最后一个问题是，路德教和加尔文教如何应对15世纪40、50年代生存的威胁。他通过叙述他们在苏格兰、荷兰、法国以及最终在英格兰的革命中应用的抵抗理论来回答这个问题。

首先，斯金纳并没有像《马基雅维利时刻》一书的前三章

---

① 〔英〕昆廷·斯金纳:《现代政治思想的基础》，奚瑞森等译，译林出版社2011年版，第153页。

② 同上注，第186页。

那样，一开始就建立一个宏观世界来展示"中世纪"而非"现代"时期的思想是什么样的，也没有概括共和主义意识形态发展所需的概念条件。他在《现代政治思想的基础》中，通过对历史语境的梳理来探讨"意识形态"的要求，即反对君主和教皇对意大利城市的统治。斯金纳从他们反抗的方式与后果中研究时人的思维模式，"他有意地强调意识形态而非经典文本作家，这在后来的实践中带来了更多危害"[1]。随着语言学转向在整个人文学科中的巨大影响，以及马克思主义的衰落，《现代政治思想的基础》中的"意识形态"一词让位于"语言"，尤其是"话语"等首选术语。"后现代主义对作者能动性的怀疑，以及对文本叙事的强调，使得思想世界不再是作者的作品，而是他们所处时代的普通、无名的方言。"[2] 周围的"话语"很容易取代作者和文本，往往得出的结果是，所谓的"思想史"颇似斯金纳抨击的旧思想史，其中的思想不受作者和历史偶然性的影响，这在一定程度上贬低了作者的作用。

其次，斯金纳将修辞学作为研究概念史的主导方法。在《现代政治思想的基础》中，共和主义的观点被呈现出来，使用了修辞学、哲学和法学的语言。他指出，思想家的文本并非简单客观地表达事实，而是修辞的产物。因此，历史文本并非简单地再现过去事件，而是语言对事件的再度构成，其中融入

---

[1] A. Brett, J. Tully, H. Hamilton-Bleakley, *Rethinking the Foundations of Modern Political Thought*, Cambridge University Press, 2006, p. 10.

[2] 同上注，第11页。

了语言运用者对事件的解释,因而具有了主观性。不同思想家在撰写文本时有不同的方式和目的,因而对同一问题有着不同的解释含义。因此,在解读文本时,必须关注思想家所运用的修辞方式,通过研究他们如何表达问题,来准确理解他们为什么这样表达以及表达了什么。如果历史学家忽视文本中的修辞,那么在研究政治思想史时,必然会对经典文本产生误读,导致我们无法准确地把握文本的思想和核心观点。

此外,《现代政治思想的基础》一书的核心目的是阐明现代国家概念的出现,斯金纳明确地用韦伯术语将国家定义为"其领土内法律和合法力量的唯一来源"[1]。在该书的正文中,他的定义更倾向于法学,因为他强调了法律主权这一概念的出现,并从罗马法找到了这一概念的最早表述,尤其是在巴托鲁斯这一部分。该书对起源的探寻,引起了部分评论家的质疑,即它倾向于目的论,而且过于重视历史语境,也有可能会呈现历史碎片化和庞杂化的倾向。约翰·萨尔蒙评论道:"该书的两个宣称目标之间存在紧张关系,一个是在思想史中阐释新规定的历史主义方法,另一个是有点辉格学派的意图,即阐明现代国家概念的形成过程。"[2] 奥克肖特问道:

---

[1] 〔英〕昆廷·斯金纳:《现代政治思想的基础》,奚瑞森等译,译林出版社 2011 年版,第 4 页。

[2] A. Brett, J. Tully, H. Hamilton-Bleakley, *Rethinking the Foundations of Modern Political Thought*, Cambridge University Press, 2006, p. 11.

这本书的目的是什么？把（国家的概念）看作是在马西格里奥、巴托洛斯、马基雅维利、贝萨等人奠定的"基础"上建立起来的构筑物，难道不是"不符合历史"，不合时宜吗？这些作家并不是在打地基，他们不过是随心所欲的道德家和律师，为了支持他们的委托人而在摸索旁证。①

如今，斯金纳自己也在为《现代政治思想的基础》的这一方面感到抱歉。2002年，他承认了自己的错误：

错误……使用了一种隐喻，这种隐喻实际上使人不得不按照目的论来写作。我自己的书过于关注我们当今世界的起源，而我本应尽可能地用自己的方式来表现我所研究的世界。但是，撰写欧洲早期现代史的麻烦在于，尽管他们的世界和我们的世界大相径庭，但我们的世界还是以某种方式从他们的世界中产生，因此，写起源、基础、演变、发展是一种非常自然的诱惑。但在后现代时代，我绝不会屈服于这种诱惑。②

总的来看，斯金纳并不是要描绘和探索早期现代政治思想

---

① M. Oakeshott, "The Foundations of Modern Political Thought", *The Historical Journal*, 1980, p. 452.

② Kari Palonen, *Quentin Skinner: History, Politics, Rhetoric, Rhetoric*, Cambridge: Polity Press, 2003, pp. 71-72.

丰富多彩的文化多样性，而是要说服我们修正一直以来支配我们对其历史理解的范式。他的研究具有很强的纲领性，对文本和背景的选择极为严格。对斯金纳来说，传统是他为文本，尤其是经典文本定位的首选框架。他倾向于考察从继承传统中提炼出来的命题，分析经典人物是否赞同每一个命题。在他看来，"任何陈述都必须在特定场合，就解决特定问题而发出的，其必定体现了某种特定的意图，因而有着特定的情境，超出这个情景去认识就只能是幼稚的"①。

（员晓菁整理）

六、王中江、张宝明《语境和语义：近代中国思想世界的关键词》

中西贯通、古今不隔，是自冯友兰先生开始，范文澜、嵇文甫、任访秋等众多学者遗留给河南大学人文学科的优良学术传统。它既是对近代以救亡图存为目的进行中西文化比较研究的承继，也是当代河南大学文科以人文语义学为支点，破除学科壁垒、复兴文史兼治学术理念的重要途径。为承继传统、守正创新，河南大学人文社科高等研究院张宝明教授、北京大学高等人文研究院王中江教授以贯通古今、中外的学术理路，聚焦近代中国关键词和"主义"话语，广邀海内外知名学者、汇

---

① 马凌：《阐释与语境：弥尔顿影响》，《新闻大学》2007年第4期。

聚文史哲多领域专家，探讨词汇翻译与移植的路径，阐释概念古今转化和东西融合的历程。经过学者们的反复论争与思想碰撞，"集众家所长，取自我之道"，提出"人文语义学"的学科概念，以期通过阐释同一学科内核心概念的衍生、不同学科间共有概念的内涵关联、中外概念互动中的转义，探讨语义创生与思想启蒙、文明对话、社会转型、文化变迁之间的互动关系。该思路得到学界同仁的惠助，纷纷惠赐大作参与讨论，在此基础上编撰"人文语义学"的起航之篇——《语境和语义：近代中国思想世界的关键词》一书。该书由河南大学人文社会科学交叉培育计划"人文语义学"专项支持，2022年9月由上海人民出版社出版。

文集分上下两卷，共83.7万字。上卷集中于"近代中国的关键词"，收录耿云志、王汎森、坂元弘子、王中江、杨国荣、村田雄二郎、张宝明、方维规、黄克武、许纪霖、李恭忠等学者对近代关键词的阐释及嬗变研究；下卷分为"日译关键词与中国新名词""清末民初的'主义'话语""观念史/概念史研究的方法和翻译"等若干方面，汇集了徐水生、王中江、王汎森、陈力卫、张宝明、欧阳哲生、唐文明以及罗志田、王宪明、章清等学者关于中日名词的关系、"主义"话语以及观念史、概念史等方面的高论。

近代中国哲学、思想和文化，来自东西方哲学和思想两种传统的接触、融合和转化。它深受中西文化差异、传统文化近代转型以及个体文化境界、群体文化塑造等多维面向影响，其学术基础、研究起点、概念源流均离不开"关键词"。书中所探讨的近代中国"关键词"，广义上属于新术语、新名词、新概念、新观念和新思想的一部分，但它们不是一般或普通的词汇。从人文语义学的视角看，它们是近代中国学术话语的基础、政治理念传播的核心和社会思潮演变的主题，在历史语境与语义阐释中扮演重要角色，在近现代中国思想文化、政治生活和社会生活中产生了广泛影响。

由此而言，《语境和语义：近代中国思想世界的关键词》的出版，不仅是集当代思想史研究名家所长的大成之作，也是传承河南大学人文社会科学百年学术方法与学术理念的一部探索之论，必将进一步推动"人文语义学"这一学术命题的深入寻绎，为寻索"人文语义学"学科体系、学术体系与话语体系的理论与方法开启全新路径。

（闵祥鹏整理）

七、彼得·伯克《知识社会史》

《知识社会史》（A Social History of Knowledge）由浙江大学出版社 2016 年出版，是英国著名历史学家彼得·伯克的第一本知识史专著。该书分上下两卷，上卷《知识社会史：从古登堡到狄德罗》，横跨了 1450 年古登堡发明活字印刷术到 1750 年狄德罗出版《百科全书》的三个世纪的历史，回顾了欧洲知识系统的变迁，从活字版印刷术的发明到《百科全书》的出版，讲述不同机构知识之间交流、协商的过程。下卷《知识社会史：从〈百科全书〉到维基百科》，在延续上卷的内容写作上，从地理学、社会学和年代学等更宏观和多元的视角探寻知识世界的变迁，从宏观层面进一步论述知识社会史呈现的新面貌，提供了更多理论视角，调用丰富史料呈现知识研究的各种可能性，展示了真正的"知识在社会中的生命历程"。

《知识社会史》本身就像一部巨大的百科全书，涵盖学科丰富，知识面广阔，是一部关于"西方近代知识与社会交融史"的导引。该书开篇介绍了自卡尔·曼海姆（Karl Mannheim）到米歇尔·福柯以来的各类知识社会学理论，借鉴皮埃尔·布尔迪厄（Pierre Bourdieu）的范式理论，兼具爱米尔·涂尔干（Émile Durkheim）和马克斯·韦伯的古典理论的特征。

（一）作者简介

伯克于1937年出生在伦敦，获牛津大学博士，曾执教于苏塞克斯大学、剑桥大学，现为剑桥大学文化史荣休教授及伊曼纽学院研究员。伯克的研究专长为西方史学思想和欧洲文化史，致力于史学与社会科学理论的沟通，探索文化史写作的新领地，是当代最著名的新文化史学家之一。

伯克在其超过半个世纪的学术生涯中，出版了诸多专著和论文。他深受文艺复兴的影响，1969年出版史学著作《过去的复兴意识》，后出版《意大利文艺复兴时期的文化与社会》。在群体传记写作方面出版《威尼斯和阿姆斯特丹》，同年，着力研究年鉴学派，推出《年鉴学派论著中的近代早期欧洲的经济和社会》《费弗尔论著中产生的新型史学》。随后，他的注意力从精英文化转向大众文化，出版《近代早期欧洲的通俗文化》《社会学与历史学》，另出版有《法国史学革命：年鉴学派，1929—1989》和《历史学与社会理论》。20世纪80年代末，伯克将注意力转向高层政治文化，出版著作《塑造路易十四》。

进入21世纪，伯克在2000年出版《语言的文化史——近代早期欧洲的语言和共同体》。接着，他在《知识社会史》两卷本中回应了对传播社会史的呼吁，2001年出版《图像证史》，关注作为史料、历史证据的图像。在2009年的《文化杂交》中，他探讨了全球各地区与文艺复兴的联系，以及各地区之间各种各样的文化交流与文化杂交。之后又陆续出版了《什么是文化史》《什么是知识史》等书。他善于汲取社会学和史学的理论和方法，将其融会到具体的研究中。我们站在人文语义学的立场阅读伯克，有两本著作值得关注，即《知识社会史》和《什么是知识史》。

（二）《知识社会史》主要内容

《知识社会史》上卷从知识的表达、建立、定位、分类、掌控、销售、获取几方面展开，探索了西方近代知识与社会交融史，以梳理知识系统是如何在这三个世纪内演变与变迁的。该书在导论中论述了知识社会学与知识史之间的关系，从知识社会学在法国、德国和美国的兴起到再次复兴，提供了不同的理论视角。继而从知识这一主体出发，论述其概念及多样性，以支配性的知识形式展开分析。

第一层面主要关注学术界。知识的表达、定位和分类是知识传播的前期准备，该部分论述了技术和文化作用下的集体认同感增加，知识表达群体进一步扩大，继而延伸至知识的建立，集中讨论文艺复兴、科学革命和启蒙运动，关注机构在知识创新过程中所处的地位。接着从知识地理学角度考察城市与乡村、帝国与殖民者之间的信息流动，分析了罗马、巴黎和伦敦在政治新闻领域的信息中心性，以论述城市图书馆的地理分布、城市信息源与知识阶层化及传播，对知识进行定位。

第二层面关注知识的政治活动。知识掌控的前提是对知识进行分类，以知识的多样性为基础，从课程组织重组，图书馆秩序分类，百科全书编排改进等方面，展现了学术的进展并引申出知识的政治学特征，论述知识分类的合理性和必要性。以教会与国家之间、边缘地带和中心区域之间在信息收集方式上的交流为例，一方面官僚制是以知识为基础而进行的实践，天主教会将掌握知识的方法，运用到世俗政府的统治之中；另一方面外交事务构筑信息情报网，统计学和审查制度为知识的整理和传播提供基础，将知识的掌控权集中于政府。总的来说，知识掌控集中于上层政治机构。

第三层面讨论知识的销售与获取。首先讨论以获取利益为目的的知识生产与18世纪"消费社会"相互作用，知识的商品化进程，出版形式增加，商业性加重。同时受众需求逐渐改变，从阅读方式到阅读偏好，参考书刺激了泛阅读的发展。从主题式编排到字母排序法，史学研究进一步加深，随后学界逐渐转向研究知识的私人占有和异域文化"教化"的影响。由此知识的线性发展过程结束。在这一过程中的信任与怀疑，是哲学层面的怀疑主义与对知识进行实质怀疑的怀疑主义共同作用的结果。哲学层面的"皮浪主义"与实用主义怀疑论从理论层面证实了认知危机的存在，研究方法随之兴起，包括几何学、归纳法等。

总体而言，伯克从以知识为业的知识分子谈起，探讨了知识建立的机构（大学和学会）、知识分布（知识地理学）、知识分类（知识人类学）、教会和国家的知识控制（知识政治学）、销售知识的市场与出版界，以及知识的消费者——读者等多重条件下的知识。该书最大的原创在于其多元视角的叠加，它将印刷术发明之后爆炸性增长的知识历史，以及欧洲以外世界的地理大发现，看作各种知识之间交流、协商、互动的过程。从知识的零散传播到受众对知识的获取，这其中有着诸多地理学、政治学的因素。知识从上层知识群体到下层民众之间，存在着迁移和转化。总的来说，知识的社会史在短小的篇幅中展现了宏大的主题，以庞杂的资料阐述试图勾勒出一部知识与社会共同演进的历史，为知识史的构建和研究奠定了初步理论基础。

《知识社会史》下卷分为三个部分，分别是知识实践、进步的代价、三维视角下的知识社会史，其中又下分不同的章节，集中讨论知识与社会在宏观层面上的联系，系统论述了"什么是社会史？什么是知识？"。接续上卷的叙述，该书讲述了从18世纪中叶法国《百科全书》出版到维基百科盛行之间的知识社会史。

首先是知识的实践，该书关注不同群体获取、传播、加工和使用知识的方式，即收集、分析、散布和行动四个方面。知识初步获取后，进行调查、积累、捕获、储存建立档案馆，多样性贯穿于知识采集的整个过程。随之进行知识分析，集中于"书房"，包括图书馆、博物馆和实验室，将"田野"中所收集到的原始信息进行整理、分类、解释、重构、评估后转化为知识。随后将学者完成采集和分析的知识，转向由各类交流媒介广泛进行的知识传播，着眼于知识与社会政策间的关系，警惕学术化倾向，避免为获取政府或企业支持而牺牲学术自主权。

接着论述进步的代价，知识必然是在不断增长的吗？针对此一问题，伯克意识到知识的缺失和专业化的代价。伴随着数字技术的进步，信息洪流日益加剧，信息错位逐步加重，获取有关信息的信息逐渐成为知识获取的关键。研究信息和知识被错置、摧毁或遗弃的历史，是为了全面看待知识获取，强调其困难性。知识丢失是知识发展必要的牺牲，即研究中基于接受某些知识的结构，拒绝其他知识。知识丢失集中于三个过程：隐藏、摧毁和抛弃知识。同时学科边界是判断知识遗失正确性的关键，这也就不得不引入知识分类，也可以说是知识专门化。

最后延伸至三维视角下的知识社会史，从地理学、社会学和年代学等视角出发，对比中心和边缘的体验，来讨论知识在每个时期的主要趋势，即专业化、世俗化、国有化、民主化与其对立面的共存和相互影响。一是知识地理学视角，"地域"在知识生产和消费过程中正享有愈发重要的中心地位。知识的国家化渐趋推动了知识联邦的建立，地理上的中心和边缘之分也影响着知识的变迁，发展到知识全球化时，知识界呈现出多中心态势，地理更是在其中扮演着重要角色。二是知识社会学视角，该书通篇都着重讨论了知识的社会性维度，以社会学为视角可以更好地研究知识与其所处社会环境之间的联系。三是知识年代学视角，作者专注于连续中存在的变化，以年代为划分，分阶段考量不同时期知识的具体特征，从而系统地论述知识的交叉应用和创新，并鼓励后人根据时代变化进行深入研究。

总的来说，两卷本的《知识社会史》提供了一种社会史观，不仅关注个人，也关注集体知识传播的行为和趋势。作者从知识实践，以及其发展中的进步代价，论述了由于政治、经济、地理等因素的影响，不同知识间不断地发生相互作用，形成各种交融与更迭，打破了传统的界限，回归到了本书写作的目的，即"跨越界限"——国家的、社会的和不同领域的界限。在蜂拥而至的冗余信息中，作者为我们勾勒出一幅别样的知识图景，展现了1750年以来西方知识界的发展，提供了一种探究知识社会的独特视角，为当代知识史的研究提供范例。

（三）文献价值及意义

第一，开启了新一轮的知识史研究浪潮，为人文语义学研究提供思想借鉴。伯克在《知识社会史》的开篇梳理论述了知识社会学的兴起与发展，最早可追溯到20世纪早期，法国爱米尔·涂尔干对集体表象的关注，美国托斯丹·凡勃伦

（Thorstein B. Veblen）对特定社会群体与制度的知识之间的关系的研究，以及德国知识分子对观念社会学的关注。影响力最大的是20世纪30年代德国学者马克斯·舍勒（Max Scheler）和卡尔·曼海姆，在知识的社会学转向中，二者的思想分别形成了知识的社会选择论和知识的社会景观论，为知识社会学研究提供了方向，不过此时知识社会史的研究还未有人涉足。

1993年管理学家、未来学家彼得·德鲁克称"迄今未有知识史"，事实上在此之前学界就已展露出对知识史的兴趣，例如1989年《知识就是力量》（Knowledge is Power）、1992年《知识的领域》（Fields of Knowledge）和1996年《殖民主义及其知识形式》（Colonialism and Its Forms of Knowledge），但此时尚未有系统论述知识之历史的著作，直到2000年伯克首次出版《知识社会史：从古登堡到狄德罗》，引起了学界对于知识之历史的广泛关注。

《知识社会史》上卷是作者在对近代早期文本和二手文献四十多年的研究基础上完成的，对知识建立的过程进行概述性梳理，下卷作者试图写出一个宏观的综述，生产提纯出蒸馏后的产品，同时补充缺陷，展现了一幅专家们常常视而不见的全面图景。伯克始终积极推动知识史研究，继《知识社会史》上下两卷后，又继续出版了《什么是知识史》《1500—2000年间知识史中的流亡与侨民》《博学者：从达芬奇到桑塔格的文化史》等著作。《什么是知识史》更是他从新文化转向知识史的学术"小结"，它以一种前理论的方式，将围绕知识之历史的研究总结归纳，贯通勾连，聚于一处，为知识史研究的合理性积极奔走，让学术界接受了作为一个研究领域的知识史，对当今知识社会史及相关学科研究产生了极大的影响。

第二，从知识概念到知识观念的研究路径，呈现出人文语义学的治学风格。伯克的两本论著都在追问什么是知识史、如何探索知识之历史等问题，要回答上述问题，首先需要解决的，就是何为知识。反之，问题的答案，又在不同层面、不同方向上，重新定义着知识。在逻辑的自然延展中，构成了关于知识的概念史、观念史、思想史的梳理，这与人文语义学的治学路径不谋而合。"什么是知识？"第一步是要把知识从波兰人类学家勃洛尼斯拉夫·马林诺夫斯基所说的"信息原材料"中区分出来。后借用著名人类学家克劳德·列维－斯特劳斯（Claude Levi-Strauss）的一个比喻：信息可以看作生的原材料，而知识是经过烹调的食物，即对知识的确认、批评、测量、比较和系统化。

人类学主要关注本地知识，它是一个社群或某种文化之成员对其独特生活方式的理解，与特定的地理和文化特征紧密相依。经济学将知识置于"知识经济"的概念，明确把"知识"与可用于交换的商品画上等号，从话语层面来看，知识经济这一概念减弱了理想中知识的纯粹性，将其置于一般的流通领域。而知识社会学将人们理解外部世界生成的所有观念，不管是客观的信息还是主观的思想、意识形态或价值，都当作知识来分析。①

---

① 崔迪：《媒介知识：传播学视野下的知识研究》，复旦大学出版社 2019 年版，第 4—5 页。

无论是探讨知识的流动，包括知识表达、建立、定位、分类、掌控、销售、获取，还是回到知识本身，将知识的形成作为一个线性的实践，其形成包含着诸如分类、解译、重构、计量测绘、理论化等纷繁复杂的流程。知识都是经过分析和加工的，具有理论和实践意义的事物，强调知识的社会建构性，为"知识"这一概念进行了新的界定。知识的社会建构性，即一个基本的观念知识是个人的还是社会的，构成了长期以来对知识进行研究的一个重要维度。[1]前者将知识看作个体产物，而后者将其置于团队或共同体中的存在。从社会学方向来看，社会建构论最基本的着眼点是语言以及语言作品的知识库，强调了知识的建构性这一特点。

第三，在历史语境中挖掘"知识"之语义，是人文语义学的生动研究案例。伯克研究了多重历史条件下的知识史，《知识社会史》上卷研究了14—17世纪的思想、制度和人物，试图从知识地理学、知识人类学、知识政治学等学科中开拓新的研究路径。下卷则论述了现代社会所面临的知识困境，多维视角考察知识的生产和传播，从长时段动态发展的视角，以求更加准确地定义不同阶段的知识史特征，在不同层面关注知识研究的社会语境。

举例来说，在上卷中，作者对知识建立的新旧机构展开论

---

[1] 赵健：《学习共同体：关于学习的社会文化分析》，华东师范大学出版社2006年版，第35—36页。

述，列举了在文艺复兴、科学革命和启蒙运动不同时期知识的变化，关注机构在知识创新过程中所处的地位。从知识地理学角度讨论信息流动，论述图书馆的地理分布、信息源与知识阶层化及传播，对知识进行定位。这些都体现了伯克在研究中不自觉地关注知识的产生语境，从语境中寻找语义，以求更加准确地概括知识的内在构成和演变。

知识在传播的过程中往往会产生本土化的转向，依据传播区域的政治、经济、文化等要素进行调整，也就必然会涉及政治史、经济史、文化史等多重领域，对于具体语境的探索和研究能够为社会史研究提供新的描述。总的来说，伯克通过对知识的传播、应用和再生产的深入剖析，揭示了知识与政治机构、知识与意识形态、知识与文化之间的复杂关系。伯克在研究中对于语境的关注，佐证了其在研究中也不自觉地采用人文语义学的研究方法，可以作为当下的研究的引证。

（李贝贝整理）

八、孙江《人种：西方人种概念的建构、传布与解构》

法国年鉴学派重要学人马克·布洛赫（Marc Bloch）曾在《历史学家的技艺》一书中提出"历史有什么用"的问题，这个出自他小儿子之口的问题，正中历史学科的要害。如果说哲学是人类诗意的栖居，那么我们可以说历史或许就是让人类扎根于世界的锚。文明总是以历史为坐标底座。"我是谁"这样的哲学之问，是人类这一物种特有的逻辑思维形式。无论是个人还是群体，总是归属于某个地域、某种文明、某类人种。"人种"作为社会建构的基础概念，是实现历史之"用"必然要考察的关键词。孙江教授的新著《人种：西方人种概念的建构、传布与解构》（江苏人民出版社，2023年）对"人种"一词进行了长时段、多维度、跨学科研究，以历史哲学视野完成了对"人种"的话语体系考订。作为"学衡尔雅文库"的第七本专著，《人种：西方人种概念的建构、传布与解构》一书还呈现出社会思想史范式的脱颖，潜隐其中的知识史、概念史、观念史等多层次、立体化研究理路，为我们呼之欲出的人文语义学研究提供了极具参考价值的资源与范式。

首先，这是一次以强有力的史料为基础完成的"人种"知识史爬梳。知识史研究知识之历史，那么何为知识？当今对知识一词的运用，很大程度上取决于信息一词的流行。新技术造就了信息时代，同时也提出了如下疑问"当我们获取信息时，知识又哪里去了？"，这种来自日常的疑问为知识史研究提供了思路，但并非知识史关注的全部。作为与知识史有重要关联的学科，知识社会学为此提供了学术背书。

知识社会学产生于20世纪20年代的德国，由社会哲学家马克思·舍勒创立。该学科与法兰克福学派几乎同时同因，都源自对人类在新到来的资本主义工业社会中生存困境之出路的探寻。知识社会学借鉴了马克思主义、尼采哲学和历史主义。

其中，历史主义强调了人类思想具有不可避免的历史性，"对历史主义的继承，使得知识社会学家表现出对于历史的强烈兴趣并且倾向于采用一种本质上是历史性的研究方法"，初现知识史研究端倪。

继舍勒之后，卡尔·曼海姆以下定义的方式，明确了何为知识社会学，"知识社会学是社会学最年轻的一个分支，作为一种理论，它试图分析知识与存在之间的关系，作为历史—社会学的研究，它试图追溯这种关系在人类思想发展中所具有的表现形式"。由此可见，对知识之历史的考察始终是知识社会学的题中之义。到了20世纪60年代，彼得·伯格（Peter Berger）与托马斯·卢克曼（Thomas Luckmann）将知识社会学中的"知识"，从科学知识拓展为日常生活知识。知识社会学必须关注社会中所有被当作"知识"的事物。"与'思想'相比，常识性的'知识'才是知识社会学的焦点，正是这种'知识'构造出了所有社会赖以维系的意义之网。"对于《人种：西方人种概念的建构、传布与解构》而言，作者同时关注到了作为思想的人种和作为常识的人种，与知识社会学的主张不谋而合。

近年来在知识史领域卓有成就的彼得·伯克在论著中，勾勒了知识史的研究范畴，如知识之表达、构建、定位、分类、掌控、传播、获取，追溯了知识史的两条学脉：书籍史和科学史。具备了操作概念和研究版图的知识史日益勃兴，回溯之下更易看清知识史研究的切入点和抓手，即知识之载体。在符号意义上，文字成为知识最为重要的载体，无论科学知识还是生活常识，多是借助语言符号记载流通，因此考察语言之生产过程就构成了知识史研究的一个重要观照。《人种：西方人种概念的建构、传布与解构》中对"人种"的知识史爬梳，在某种意义也是对"上穷碧落下黄泉，动手动脚找材料"之"语文学"（philology）知识考古的旁注与佐证。

作者查阅大量资料、史料，不仅囊括了中文关于"人种"的记叙，同时直接使用了大量英文文献，间接关注到法文、德文、俄文等文献。在文献类别上，不仅关注与人种相关的学术专著，同时探寻面向大众的期刊、报刊等对"人种"一词的解释和使用，此外还将百科辞典、教科书中的人种概念纳入进来。在此基础上，《人种：西方人种概念的建构、传布与解构》勾勒出了"人种"研究中的关键核心文本，比如布鲁门巴哈的《论人类的自然种类》、钱伯斯的《人种志》、高桥义雄的《日本人种改良论》、林纾等译的《黑奴吁天录》等。作者将人类社会围绕"人种"一词进行的知识生产、知识建立、知识迁移、知识再生产置于观念的链条上，以确证的资料回答了"人种"最早始于何处、出自何人、如何分类、怎样被使用，以及叠加在人种之上的种族的、文化的、经济的、政治的等多重意涵。这种史料扎实、视域开阔的知识确证式梳理，为学界进一步研究奠定了基础，也提供了一个极具典型意义的范式与遵循。

与此同时，作者善于将典型的"故事"（素材）与典型环境（语境）有机结合起来寻求语义，从而使叙事在以"故事"为手段、以"真理"（语义）为目的的统一中达到相得益彰的效果。当作者讲述日本人冈本监辅用汉文撰写的历史教科书《万国史记》传入中国，一版再版并畅销一时这个事件时，同时关注到了该书中的人种知识进入全新语境后，立即与满汉问题发生效应，导致改良派只关注人种来源和等差，革命派更关注黄白黑所代表的种族力量以及中国在其中的位置。也就是说，当人种的故事或叙事进入中国当时的社会语境中时，语义所发生的变化不容回避，且只有回归语境，才有可能挖掘其本身的语义。

其次，作者以全球视野还原"人种"的概念史体系。如果说知识史的爬梳更像是从因到果，那么概念史的研究或许可以说是从果到因。概念史研究在知识爬梳基础上更进一步，以知识生产之果为因，深究词与物之间的桥接。概念是语词的抽象，语词是概念的活体。在抽象与活化之间，就必然加入一时一地特定的社会体认和文化记忆。在从古至今越发绵密的中西交流中，语言和概念跨越山川河海的旅行由来已久。比如1903年严复最早将斯宾塞（Herbert Spencer）的社会学引入中国，译为"群学"，society在中国从群学到社会学的演变，其间所经历的观念变迁和社会革新，正是概念旅行、变形的鲜活呈现。正如孙江教授在《人种：西方人种概念的建构、传布与解构》一书的楔子中坦言，"人种概念涉及中国人如何接受西学的问题，要厘清该概念在中国的再生产，有必要进行跨语言和跨文化的比较研究"。作者在对"人种"这一概念进行考察时，亦是在这样的研究思维下，立足全球，循着时间脉络步步展开，还原出

"人种"的概念史体系。

当"人种"作为一个概念出现时，就已经表明自己的身份，不再仅仅对应一种指称，而是多重意义的合成。书中对"人种"概念体系的梳理，先后经过基准、谱系、东渐、差序、竞争等程序，一生二、二生三，在概念传播和再造过程中，发展出"人种"概念的枝枝蔓蔓。细看之下，作者在对"人种"进行谱系梳理之后，开始关注"人种"在不同地理空间、政治文化空间的传播，比如作者通过考据，发现早期传递人种知识的欧洲人对中国人为"黄色"的说法并不认同，由此出发进一步考察了"黄恐"如何产生。"黄祸"的"歧视话语不是凭空制造出来的，而是有着理论化的知识体系作为支撑"。作者对此做了抽丝剥茧的处理，首先梳理"黄祸"话语的来历，继而解析"黄祸论"的内在矛盾，最后概观中国知识界对"黄祸论"的批判。

在概念东渐的过程中，原本的谱系固然提供了内核，只有开放了外延解释权，才会有从地理学、格致学等对"人种"进行的多维叙事，回归科学知识本身，作者细致比对了英文与不同日译本、中译本对人种的定义和分类。书中"人种"在时空中的不停变幻、从科学知识到政治工具的反复横跳，无不彰显出作者概念史研究的全球视野。由此可见，对于"人种"这样一个关乎人类社会全体的概念，也唯有在全球视野下进行审视，尽量避免西方中心主义或东方主义，才能确切触及概念之本真。"在这一意义上，概念史斡旋于语言史与事件史之间。它的任务之一就是分析历史进程中所产生的概念与实情之间关系的一致性、偏移性或差异性。"从古典的语文学到现今的人文语义学，学人们无不心向往之。

最后，论著是从文化、环境、历史与政治等多重维度搭建"人种"之观念世界。与概念史相比，观念史更有人情味。这里所说的人情味，是指观念的形成、传播、变迁等，都是以人为介质和中心。观念史与内核清晰、边界明确的思想史既相通又相异，观念史是思想史的分支，思想史是观念史的核心。观念史所关注的，不仅是影响广泛深远的思想之产生，还关注潜藏在其中的思想习惯之运行。王汎森提出"思想是生活的一种方式"，其中依稀可见观念史的身影。循此思路，关于未来观，就不再仅是康有为《大同书》里系统论述的思想体系，同时也是人们面对现实时是"向前看"还是"向后看"的惯习。

作者在对"人种"二字进行解剖时，不仅关注到知识史和概念史，同时延伸至观念史层面。正如《人种：西方人种概念的建构、传布与解构》所指出的那样，西方对"人种"的建构与东方对"人种"的解构，以及概念本身的不断重构，延展出多种迥然不同甚至大异其趣的人种观念。白、黄、黑、棕等颜色，当与人种结合时，所代表的就不再是表面上肤色的不同，更加意味着文化差异，甚至被附加上优与劣的区分。作者由"人种"出发，关注到民族、国家、文明、政权等诸多方面。书中对人种观念之考察，不仅有时间脉络上的谱系纵深，同时具备不同地理空间、文化场域中的人种观念再生产，此外还关注到被政治收编的人种观念，通过多个切面的考察，构成了"人种"观念立体、丰富、多维的呈现。

  人种的观念世界的复杂与摇曳需要这样的辨析。洛夫乔伊在《存在巨链——对一个观念的历史的研究》中提出："观念史研究的另一个特点是：正如我希望对之加以界说的，它特别关心在大量的人群的集体思想中的那些特殊单元—观念的明晰，而不仅仅是少数学识渊博的思想家或杰出的著作家的学说或观点中的单元—观念的明晰性，它试图研究被分离出来的——在细菌学的意义上的——那类因素的作用。"孙江对"人种"观念史世界的建构涵盖了洛氏所提倡的"思想家"和"大量人群"，从两方面入手，一方面是知识分子的人种观念，如孙中山、李大钊等，如何接触到经由日本而来的"人种"知识，如何对"人种"观念加以批判，如何利用"人种"观念推进革命事业等。另一方面是群体的人种观念，比如日本的教科书中如何介绍"人种"，小学教科书和中学教科书对"人种"的不同处理方式。再比如作者对《黑奴吁天录》中国传播的个案考察，借助不同读者对这本书的阅读反馈，呈现出时人对该书背后民族、种族观念的接受和理解。此种研究理路正是观念史的特色，与新文化史的研究转向共情，同时也构成了本书的一大亮点。

  以语词为切入既是《人种：西方人种概念的建构、传布与解构》的"表"，也是它的"里"。就其"表"而言，它旗帜鲜明地开展关键词研究；就其"里"而言，则是如何从内在理路中寻找出生发逻辑。换言之，在当今的学科发展和学术背景下，扎根于字词、语汇、概念的文化史，如何找到打开人种之谜的密钥？孙江教授多年积累，广搜资料，分别考察了作为语汇的"人种"、作为知识的"人种"、作为概念的"人种"和作为观念的"人种"，虽笔墨不多、篇幅不长，但对问题之思考视野宏阔，将看似简单、实则复杂，看似明晰、实则模糊的"人种"二字做了全面描摹和立体阐释，既关注作为科学概念的"人种"，也考察作为政治文化装置的"人种"，游走于"人种"所及的各个社会层面。考察意义之沉淀、语词之生成、概念之变迁，同时在传统与现代、本土与外来、学术与生活、精英与大众的多场域打通式思考，这是陈寅恪所言"解释一个字，即是做一部文化史"的成功实践。这本书给出的"人种"答案是词与物、名与实、情与理交织生成的、"表""里"如一的切实回答。

当然，作为知识社会史、概念史、观念史上共执的关键词，"以上所有方法都普遍接受这样的观点，即社会秩序、政治秩序与经济秩序的变迁体现在语言或概念的变迁中，并被语言或概念所激发，它们留待历史学家去认识和重构"。尤其是涉及观念史的方法与路径，"永恒的主题"以及非语境的语义都可能对人文思想史的写作构成威胁，而且在有意识地倡导学科交叉的同时会产生一些与生俱来的悬而未决的问题。这是必然的，也是可以理解的。令我们欣喜的是，这本书"历史"地给出"思想"之写作，却非常成功地规避了一味或说因过度强调"连续性"而招致的误读、拼接与偏差。即是说，在对洛夫乔伊的"存在巨链"给予了足够重视的同时，也对斯金纳之思想史写作"意涵"(文本)与"意图"(语境)之并立方法异曲同工。一言以蔽之,在特定语境中寻绎特定的思想意蕴并力求做出历史的回答乃是作者的基本诉求。

应该看到,人种问题是史学研究中一个基本元命题。梁启超就曾在《中国史叙论》中单列"人种"一节说:"种界者,今日万国所断断然以争之者也。"他在《新史学》中更是一语中的:"历史者何,叙人种之发达与其竞争而已。舍人种则无历史。"更有甚者,"若在今日,则虽谓人种问题为世界独一无二之问题,非过言也"。时下看来,此言仍不为过。凡此种种,足见这一命题之巨。也正是在这个意义上,作者立体化的"人种"构建意义非同小可。梁任公当年"其始也简,其毕也巨"的感叹,用在孙江《人种:西方人种概念的建构、传布与解构》以及"学衡尔雅文库"的学术工程上适得其所。这也是人文语义学这一交叉学科的同仁们希望看到的情形。对此,学界不能不给予足够的重视。

当然,《人种:西方人种概念的建构、传布与解构》也有呼之未出、读来不甚过瘾或说解渴的缺憾,比如"人种"与"民族"的关系辨析,"色即是空"(毕竟还有另一半"空即是色")等富含思想史与社会史元素的多重因子急需激活。尽管作者极尽文字之功,炉火纯青的隐喻话语博采其中,但毕竟还有更多的读者期待着作者的期待。以此文字,期待于将来。

(张宝明整理)

九、伊安·汉普歇尔-蒙克《比较视野中的概念史》

《比较视野中的概念史》(History of Concepts: Comparative Perspectives)是英国埃克塞特大学政治理论教席教授伊安·汉普歇尔-蒙克（Iain Hampsher-Monk）于1998年主编的一本关于比较概念史研究的经典文选，该书中文版2010年在华东师范大学出版社出版，译者为周保巍。该书除引论和结语外，共有十二章的内容，学者们就概念史研究中的"理论的和比较的框架""主题与变奏""概念和图像"等主题进行了深刻的探讨，本书甚至还收录了科塞雷克（文中译名为考斯莱克）的重要文章《"社会史"和"概念史"》。文集的主题正像书的封底所言，聚焦于比较概念史的研究，通过对以斯金纳为核心的"剑桥范式"的概念史研究和科塞雷克为核心的"海德堡范式"的概念史研究进行系统的比较，以期拓展"概念史"的空间范围，确立"比较概念史"的研究框架和研究范式。该书中文版出版后，受到了中国思想史研究学界很多学者的重视，孙江、张凤阳等学者都曾在论著中引用该书中的观点。

所谓概念史研究的"海德堡范式"是指德国的概念史研究方式，特别是科塞雷克所倡导的概念史研究。1972年至1997年的25年间，八卷本的《历史的基本概念：德国政治和社会语言历史辞典》相继出版，这是德国历史学家奥托·布鲁勒（Otto Brunner）、沃尔勒·孔茨（Werner Conze）和科塞雷克共同发起的学术研究工程。这项学术工程共选取了德国政治社会中的125个基本概念（basic concepts），如"国家""危机""封建主义""革命""独裁""发展""乌托邦""民族""文明"等，通过把这些语词放入历时性的社会政治生活中，探寻概念的意义和生命力。这项研究由奥托·布鲁勒和沃尔勒·孔茨最早发起，科塞雷克在其中做了最杰出的工作，他不仅为《历史的基本概念：德国政治和社会语言历史辞典》写了导言，还编辑出版了其中的大多数卷本，甚至还是其中很多词条的作者和编辑，更重要的是，科塞雷克还为这项学术工程的整体工作制订了研究假设和研究思路，而正是这一点，使得《历史的基本概念：德国政治和社会语言历史辞典》一书的研究严格区别于德国传统的概念史的研究，开创了德国现代概念史研究的先河，科塞雷克也被认为是当代概念史研究的创始人。科塞雷克出生于1923年，早年在海德堡大学从事历史、哲学和宪法学的研究。德国有着悠久的概念史研究的人文科学传统，早在科塞雷克之前，德国学术界就对哲学和文学概念的历史给予了大量的关注，他们期待通过研究哲学和文学概念在不同学科中使用时的不同意义，为欧洲特别是德国的精神史进行诠释和理解。科塞雷克对于这样的研究保持了相当的距离，他从伽达默尔和卡尔·施米特（Carl Schmitt）等哲学家的哲学研究中受到启迪，开始关注世界观的历史化，并倾向于通过理解概念含义的历史发展来分析世界的呈现状态。科塞雷克的概念史研究也因而被蒙克称为概念史研究的"海德堡范式"，这种传统其实就是概念史研究的当代德国传统。

"海德堡范式"的概念史研究具有重要的理论特点，那就是科塞雷克首先肯定了"鞍型期"（sattelzeit / saddle-period）社会转型过程的存在，这是德国概念史研究的"海德堡范式"的重要理论预设。所谓"鞍型期"，是用两个山峰之间的低落地带隐喻历史发展过程中"新"与"旧"之间的交替和鸿沟。伽达默尔就曾指出，在过去的几百年间，历史意识呈现出一种断裂的状态。"我们时代的哲学思考并不表现为古典哲学传统的直接而不中断地继续，因而与古典哲学传统相区别。当代哲学尽管与它的历史源流有着千丝万缕的联系，但它已清楚地意识到它与它的古典范例之间有着历史的距离。这首先在其变化了的概念关系中表现出来。"[1] 而要消除这种历史意识的断裂，就要重新探寻和诠释概念的历史，因为在伽达默尔看来，哲学是以概念的方式理解世界，研究概念的历史与演变是哲学理解世界的基本工作，这一研究方式不仅具有哲学的意义，也具有一切人文学科研究的意义。"哲学研究用以展现自身的概念世界已经极大地影响了我们，其方式有如我们用生活的语言制约我们一样。如果思想要成为有意识的，那么它必须对这些在先的影响加以认识。这是一种新的批判的意识，自那时以来，这种意识已经伴随着一切负有责任的哲学研究，并且把那些在个体同周围世界的交往中形成的语言习惯和思想习惯置于我们大家共同属于

---

[1]〔德〕伽达默尔：《真理与方法》（修订版），洪汉鼎译，商务印书馆2019年版，第7页。

的历史传统的法庭面前。"①伽达默尔的这一思想极大地影响了科塞雷克,科塞雷克认为,1750—1850年是现代性孕育的沉淀期,也是传统社会走向现代社会的新旧交替的鞍型期,社会的变迁带来了人们对文化传统的疏离感,也造成了传统意识与现代意识的断层和割裂,如何看待过去、看待历史,便成了人们迫切需要解决的问题。

正是基于鞍型期的理论预设,科塞雷克认为,"过去的历史"其实就是"被表述的历史"。"过去的历史"与"语言"密切相关,对于那些已经发生的历史,我们只能通过"言说"或书写来经历和体验,书写成为历史传承的首要载体。"在施行'行动'的过程中,即便'语言'只是一种次要的因素,只发挥了一种次要的作用,但是,一旦该'行动'所引发的'事件'成为'过去','语言'就上升为一种首要因素:没有'语言',任何记忆或任何学术性的记忆存储都是不可能的。'语言'在表述'过去的历史'方面具有人类学的首要性。"②而在"被表述的历史"中,科塞雷克认为,"基本概念"具有重要的意义。"基本概念"不同于"词语"(word),基本概念来自词语,但不同于词语,当且仅当一个语词在历史中被多次使用、

---

① 〔德〕伽达默尔:《真理与方法》(修订版),洪汉鼎译,商务印书馆2019年版,第8页。

② 〔德〕考斯莱克(科塞雷克):《"社会史"和"概念史"》,载汉普歇尔-蒙克编:《比较视野中的概念史》,周保巍译,华东师范大学出版社2010年版,第29—30页。

其含义被高度浓缩并在社会发展过程中发挥了重要价值时，它才转化为一个基本概念。为此，科塞雷克提出了概念史研究的四个理论预设，即政治化、民主化、意识形态化和时间化，这四个理论预设也经常被看作基本概念选取的四个准则。所谓"政治化"和"民主化"是指概念的日益增长和扩张的政治方面的意涵，对概念的研究应该关注语词与政治和民主生活的互动和由此所产生的概念意涵的转义；"意识形态化"是指概念逐渐成为哲学化和社会化的概念建制的一部分，并由此与国家的意识形态联系起来，对概念的研究也离不开对相关意识形态的分析和梳理；"时间化"则是强调概念意涵在历史中的动态的变动的过程。

与概念史研究的"海德堡范式"不同的是斯金纳为代表的"剑桥范式"。作为政治思想史研究领域的英国知名学者，斯金纳深受语言哲学特别是维特根斯坦哲学的影响，后期维特根斯坦《哲学研究》中的"生活形式"理论奠定了斯金纳思想的基石。在《哲学研究》里，维特根斯坦一反其早期《逻辑哲学论》中的观点，不再认为语言的意义来自世界，而认为语言的意义就在于其使用之中，并不存在着脱离语言使用方式的抽象意义。"我们有一种幻觉，即以为在我们的研究中，那些独特的、深邃的、本质的东西就在于企图通过这种研究把握语言的无可比拟的本质。也就是存在于命题、词、推论、真理、经验等等概念之中的秩序。这种秩序乃是存在于所谓超—概念之间的超—秩序。可是当然，只要'语言''经验''世界'这些词有一个用法，那么它们的用法一定和'桌子''灯''门'这样一些词的用法一样的平凡。"[1] 正是在把语言从形而上学拉入日常生活的哲学研究中，维特根斯坦认为，语言游戏作为言说和行动的组合，一个语言行为之所以能够被执行，如命令、许诺等言语行为之所以能够完成，乃是因为人们生活在观念、价值、态度、信念都趋同的共同体里，这种共同的信念就构成了一种特定的"生活方式"，因此，"想象一种语言就意味着想象一种生活形式"[2]。正是把维特根斯坦的"生活形式"看作语词意义的生成方式，斯金纳强调"话语语境"，他认为正是话语发生的确切状况与语境以及说话人的意图，才是语词意义的真正生成方式。正是基于这样的立场，斯金纳认为科塞雷克的概念史研究，假定和预设了概念具有历史，而这一点是可疑的，因为概念本身就是一个抽象的存在，概念本身也没有抽象的含义，人们所研究的不应该是概念的历史，而是概念的各种语言表达，语言才是该研究的对象。"理解话语，就是对论辩中这些概念各种用途的理解，所以严格说来，这并非概念的历史，而只不过是概念可供使用的方法的历史。如果你要写的是一个词语的历史，哪怕只是这个词的语言表达的历史，像科塞勒克（即科塞雷克，写者注）和他的追随者以及学生通常所做的那样，那么，在我看来，你必须面对的更进一步的问题就是，你并未给这个词在当时的社会中所扮演的角色提供任何说明；诚然，这个词

---

[1] 〔奥〕维特根斯坦:《哲学研究》，李步楼译，陈维杭校，商务印书馆2021年版，第73页。

[2] 同上注，第18页。

已经出现在常用词汇表中,但是它在词汇表中是否居于中心位置,它与其他术语的相互关系如何,它们是否变化?这种写作概念历史的路径并不足以回答这样的问题。因此,我从来没能真正被科塞勒克的作品说服。"①另外,斯金纳也反对"鞍型期"这一提法,他认为这一提法对于强调启蒙的德国历史传统是适宜的,但对于英语世界的人而言,并非都是如此。

虽然斯金纳的研究也经常被归入概念史研究的叙事框架之下,蒙克已经敏锐地觉察到无论是研究对象还是研究方式,斯金纳都与科塞雷克存在着重要的区别。在本书中,蒙克通过对比英语世界里斯金纳的政治思想研究与德语世界里科塞雷克的政治概念史的研究,得出了三点比较性的评论。首先,科塞雷克的概念史研究范式与斯金纳的语言分析的语言学研究,其研究目的是根本不同的,尽管如此,两者之间也存在着相同性,那就是无论是科塞雷克的概念史研究还是斯金纳的语言学研究,他们都反对把概念或语词的含义当作不变的乃至恒定的观点,也因此主张通过分析语言在历史中的不同用法来诠释过去历史中的社会和政治冲突,这是他们共同被归为概念史研究的重要基础。其次,关于语言的内部成分与其历史性存在的关联中,科塞雷克和斯金纳具有不同的研究旨趣:科塞雷克的概念史研究寻求建立"历时性"的维度,通过把某些概念从其"共

---

① 罗宇维:《昆汀·斯金纳:把英雄和恶棍放一边,历史研究应该做什么?》,《东方历史评论》2017年5月11日。

时性"的语境中抽取出来,通过历时性的过程把各个支脉联结起来,构成一个整体的图景;而斯金纳的语言学研究则更注重于语词的"共时性"特征,通过把语词放在一个整体的语言结构和信念体系中去考察语词的意义。最后,从与"社会史"的关联来看,科塞雷克的概念史研究是把社会史看作一个非人格化的过程,人在其中是一个消极的存在,而斯金纳的研究是把语言变化看作人作为行为主体的行为结果,这种研究以人的主体性为理论预设和价值所在。蒙克自己更为赞同人的主体性的存在,尽管不是全然的主体性,但也是一种主体性,因为在他看来,"尽管人并不是在他们所选定的语言环境里创造历史的,但是他们仍然是在创造着他们的历史"①。

需要说明的是,《比较视野中的概念史》的撰写来源于荷兰历史学家们的动议,那就是通过比较科塞雷克的概念史研究模式和斯金纳的研究模式,为荷兰概念史的研究提供路径和框架的理论参考。因此本书也从多个角度思考了拓展概念史研究的空间范围的可能性,这种可能性为我国学界的关键词研究和人文语义学的研究,都提供了学理上的思想资源和方法论上的可借鉴性。

(杨红玉整理)

---

① 〔英〕汉普歇尔-蒙克:《言语行动,语言或"概念史"》,载汉普歇尔-蒙克编:《比较视野中的概念史》,周保巍译,华东师范大学出版社2010年版,第71页。

主要参考文献

一、古籍

［汉］司马迁撰，［南朝宋］裴骃集解，［唐］司马贞索隐，［唐］张守节正义:《史记》，中华书局 1982 年版。

［汉］许慎撰，［清］段玉裁注:《说文解字注》，上海古籍出版社 1981 年版。

［宋］黎靖德编，王星贤点校:《朱子语类》，中华书局 1986 年版。

［清］戴震:《戴震文集》，中华书局 1980 年版。

二、今著

〔奥〕维特根斯坦:《哲学研究》，韩林合译，商务印书馆 2013 年版。

〔奥〕维特根斯坦:《逻辑哲学论》，贺绍甲译，商务印书馆 2021 年版。

〔奥〕维特根斯坦:《哲学研究》，李步楼译，陈维杭校，商务印书馆 2021 年版。

〔德〕恩斯特·卡西尔:《人论》,甘阳译,上海译文出版社1985年版。

〔德〕恩斯特·卡西尔:《人文科学的逻辑》,关之尹译,上海译文出版社2004年版。

〔德〕弗雷格:《弗雷格哲学论著选辑》,王路译,商务印书馆2006年版。

〔德〕海德格尔:《在通向语言的途中》,孙周兴译,商务印书馆2004年版。

〔德〕伽达默尔:《真理与方法》(修订版),洪汉鼎译,商务印书馆2019年版。

〔德〕威廉·冯·洪堡特:《论人类语言结构的差异及其对人类精神发展的影响》,姚小平译,商务印书馆1997年版。

〔德〕伊安·汉普歇尔-蒙克编:《比较视野中的概念史》,周保巍译,华东师范大学出版社2010年版。

〔法〕罗兰·巴尔特:《语言的轻声细语》,怀宇译,中国人民大学出版社2022年版。

〔法〕米歇尔·福柯:《词与物——人文科学考古学》,莫伟民译,上海三联书店2016年版。

〔古希腊〕亚里士多德:《范畴篇 解释篇》,方书春译,商务印书馆2003年版。

〔美〕阿瑟·O.洛夫乔伊:《存在巨链——对一个观念的历史的研究》,张传有、高秉江译,商务印书馆2015年版。

〔美〕彼得·L.伯格、〔美〕托马斯·卢克曼:《现实的社会建构：知识社会学论纲》，吴肃然译，北京大学出版社 2019 年版。

〔美〕费正清编：《剑桥中国晚清史（1800—1911 年）》下卷，中国社会科学出版社 1985 年版。

〔美〕海登·怀特：《话语的转义——文化批评文集》，董立河译，大象出版社、北京出版社 2011 年版。

〔美〕海登·怀特：《元史学：19 世纪欧洲的历史想象》，陈新译，译林出版社 2013 年版。

〔美〕汉斯·D.斯鲁格：《弗雷格》，江怡译，中国社会科学出版社 1989 年版。

〔美〕林毓生：《中国意识的危机——"五四"时期激烈的反传统主义》，穆善培译，贵州人民出版社 1988 年版。

〔美〕马泰·卡林内斯库：《现代性的五副面孔》，顾爱彬、李瑞华译，商务印书馆 2002 年版。

〔美〕约瑟夫·列文森：《梁启超与中国近代思想》，刘伟、刘丽、姜铁军译，四川人民出版社 1986 年版。

〔美〕詹姆斯·施密特编：《启蒙运动与现代性：18 世纪与 20 世纪的对话》，徐向东、卢华萍译，上海人民出版社 2005 年版。

〔瑞〕费尔迪南·德·索绪尔：《普通语言学教程》，高名凯译，商务印书馆 1980 年版。

〔匈〕卡尔·曼海姆：《意识形态与乌托邦》，李步楼等译，商务印书馆 2000 年版。

〔意〕维柯:《新科学》,朱光潜译,商务印书馆2011年版。

〔英〕阿诺德·约瑟夫·汤因比:《历史研究》,曹未风等译,上海人民出版社1997年版。

〔英〕彼得·伯克:《历史学与社会理论》(第二版),姚朋、周玉鹏、胡秋红、吴修申译,刘北成修订,上海人民出版社2010年版。

〔英〕彼得·伯克:《知识社会史》(上下卷),陈志宏等译,浙江大学出版社2016年版。

〔英〕彼得·伯克:《文化杂交》,杨元、蔡玉辉译,译林出版社2016年版。

〔英〕戴维·E.库珀:《隐喻》,郭贵春、安军译,上海科技教育出版社2007年版。

〔英〕E.H.卡尔:《历史是什么?》,陈恒译,商务印书馆2007年版。

〔英〕杰弗里·利奇:《语义学》,李瑞华等译,上海外语教育出版社1987年版。

〔英〕昆廷·斯金纳:《现代政治思想的基础》,奚瑞森等译,译林出版社2011年版。

〔英〕雷蒙德·威廉斯:《马克思主义与文学》,王尔勃、周莉译,河南大学出版社2008年版。

〔英〕雷蒙·威廉斯:《文化与社会:1780—1950》,高晓玲译,商务印书馆2018年版。

〔英〕雷蒙·威廉斯:《关键词:文化与社会的词汇》,刘建基译，生活·读书·新知三联书店 2016 年版。

〔英〕迈克尔·波兰尼:《个人知识——迈向后批判哲学》，许泽民译，贵州人民出版社 2000 年版。

〔英〕乔·莫兰:《跨学科——人文学科的诞生、危机与未来》，陈后亮、宁艺阳译，南京大学出版社 2023 年版。

〔英〕特里·伊格尔顿:《论文化》，张舒语译，中信出版社 2018 年版。

〔英〕约翰·格雷:《自由主义的两张面孔》，顾爱彬、李瑞华译，江苏人民出版社 2002 年版。

A. Brett, J. Tully, H. Hamilton-Bleakley, *Rethinking the Foundations of Modern Political Thought*, Cambridge University Press, 2006.

Kari Palonen, *Quentin Skinner: History, Politics, Rhetoric, Rhetoric*, Cambridge: Polity Press, 2003.

M. Beaney (ed.), *The Frege Reader*, Oxford: Blackwell Publishers, 1997.

M. Dummett, *Frege: Philosophy of Language*, Cambridge: Harvard University Press, 1981.

蔡玉辉:《每下愈况——新文化史学与彼得·伯克研究》，译林出版社 2012 年版。

陈寅恪著，陈美延编:《陈寅恪集·金明馆丛稿二编》，生活·读书·新知三联书店 2009 年版。

崔迪:《媒介知识：传播学视野下的知识研究》，复旦大学出版社 2019 年版。

丁耘主编:《什么是思想史》，上海人民出版社 2006 年版。

方维规:《概念的历史分量》,北京大学出版社2019年版。

方维规:《什么是概念史》,生活·读书·新知三联书店2020年版。

冯天瑜、聂长顺:《三十个关键词的文化史》,中国社会科学出版社2021年版。

冯天瑜:《新语探源:中西日文化互动与近代汉字术语生成》,中华书局2004年版。

高桦:《狄尔泰的生命释义学》,上海人民出版社2018年版。

耿云志主编:《胡适遗稿及秘藏书信》,黄山书社1994年版。

顾颉刚:《古史辨》,上海古籍出版社1982年版。

王国维:《观堂集林》,河北教育出版社2001年版。

洪汉鼎:《诠释学——它的历史与当代发展》,人民出版社2001年版。

胡适:《胡适全集》,安徽教育出版社2003年版。

胡适:《先秦名学史》,学林出版社1983年版。

刘梦溪主编,胡适著,陈平原编校:《中国现代学术经典·胡适卷》,河北教育出版社1996年版。

桓占伟:《在观念与思想之间:论先秦义范畴之生成》,社会科学文献出版社2017年版。

黄侃述,黄焯编:《文字声韵训诂笔记》,上海古籍出版社1983年版。

梁启超:《欧游心影录》,商务印书馆2014年版。

梁启超:《饮冰室合集》,中华书局2015年版。

梁漱溟:《梁漱溟全集》,山东人民出版社 2005 年版。

刘禾:《语际书写:现代思想史写作批判纲要》,上海三联书店 1999 年版。

刘禾编:《世界秩序与文明等级——全球史研究的新路径》,上海三联书店 2016 年版。

刘俊文主编:《日本学者研究中国史论著选译》,中华书局 1992 年版。

卢云昆编:《社会剧变与规范重建——严复文选》,上海远东出版社 1996 年版。

鲁迅:《鲁迅全集》(第 4 卷),人民文学出版社 1981 年版。

陆雄文主编:《管理学大辞典》,上海辞书出版社 2013 年版。

罗尔纲:《师门辱教记》,建设书店 1944 年版。

欧阳哲生主编:《傅斯年全集》,湖南教育出版社 2003 年版。

沈兼士著,葛信益、启功整理:《沈兼士学术论文集》,中华书局 1986 年版。

苏智良、陈恒编:《欧洲历史与世界文明讲演录》,商务印书馆 2013 年版。

孙江:《人种:西方人种概念的建构、传布与解构》,江苏人民出版社 2023 年版。

孙迎光:《诗意德育》,上海三联书店 2011 年版。

孙周兴选编:《海德格尔选集》,上海三联书店 1996 年版。

汪民安主编:《文化研究关键词》,江苏人民出版社 2019 年版。

汪荣祖:《从传统中求变——晚清思想史研究》,百花洲文艺出版社2002年版。

王路:《走进分析哲学》,中国人民大学出版社2020年版。

王栻主编:《严复集》,中华书局1986年版。

王中江、张宝明编:《语境和语义:近代中国思想世界的关键词》,上海人民出版社2022年版。

徐友渔:《"哥白尼式"的革命——哲学中的语言转向》,生活·读书·新知三联书店1994年版。

许纪霖、刘擎主编:《西方政治正确的反思·知识分子论丛》,上海人民出版社2016年版。

张宝明:《启蒙与革命:"五四"激进派的两难》,学林出版社1998年版。

张宝明:《文言与白话:一个世纪的纠结》,华东师范大学出版社2014年版。

张宝明、祝晓风编:《人文》(第九、十辑),中国社会科学出版社2023年版。

张光芒:《混沌的现代性》,人民文学出版社2007年版。

张意:《文化与符号权力——布尔迪厄的文化社会学导论》,中国社会科学出版社2005年版。

张志毅、张庆云:《词汇语义学》,商务印书馆2001年版。

赵健:《学习共同体:关于学习的社会文化分析》,华东师范大学出版社2006年版。

郑师渠:《晚清国粹派文化思想研究》,北京师范大学出版社2014年版。

中共中央马克思恩格斯列宁斯大林著作编译局编译:《马克思恩格斯选集》,人民出版社2012年版。

朱光潜:《艺文杂谈》,安徽人民出版社1981年版。

朱国华:《权力的文化逻辑——布迪厄的社会学诗学》,上海人民出版社2017年版。

三、报刊论文

〔荷〕M. 斯托克霍夫:《意义的体系——维特根斯坦的〈逻辑哲学论〉与形式语义学》,马明辉译,《世界哲学》2009年第2期。

E. Sapir, "The Status of Linguistics as a Science", *Language*, Vol. 5, No. 4., 1929.

J. Hintikka, "Semantical Games, the Alleged Ambiguity of 'Is', and Aristotelian Categories", *Synthese* 54(3), 1983.

M. Oakeshott, "The Foundations of Modern Political Thought", *The Historical Journal*, 1980.

陈独秀:《敬告青年》,《青年杂志》1915年第1卷第1号。

陈独秀:《吾人最后之觉悟》,《青年杂志》1916年第1卷第6号。

陈建守:《语言转向与社会史:科塞雷克的概念史研究》,《历史教学问题》2013年第3期。

褚金勇、张宝明:《借助〈新青年〉,才能回到"五四"的历史现场》,《中华读书报》2023 年 5 月 3 日。

邓实:《政群》,《政艺通报》1903 年第 6 期。

杜亚泉:《静的文明与动的文明》,《东方杂志》1916 年第 13 卷第 10 期。

方维规:《一个概念一本书——读冯天瑜先生新作〈"封建"考论〉》,《中国图书评论》2006 年第 9 期。

冯天瑜:《从训诂到历史文化语义学》,《武汉大学学报》(哲学社会科学版)2023 年第 2 期。

傅德根:《简论历史语义学》,《马克思主义美学研究》2001 年第 1 期。

胡适:《历史的文学观念论》,《新青年》1917 年第 3 卷第 3 号。

胡适:《新思潮的意义》,《新青年》1919 年第 7 卷第 1 号。

胡适:《读梁漱溟先生的"东西方文化及其哲学"》,《读书杂志》1923 年第 8 期。

黄克武:《从"文明论述"到"文化论述"——清末民初中国思想界的一个重要转折》,《南京大学学报》(哲学·人文科学·社会科学版)2017 年第 1 期。

黄兴涛:《现代"中华民族"观念形成的历史考察》,《浙江社会科学》2002 年第 1 期。

黄兴涛:《晚清民初现代"文明"和"文化"概念的形成及其历史实践》,《近代史研究》2006 年第 6 期。

黄兴涛、陈鹏：《民国时期"现代化"概念的流播、认知与运用》，《历史研究》2018年第6期。

姜武晨：《语义学研究综述》，《今古文创》2023年第1期。

李大钊：《阶级竞争与互助》，《每周评论》1919年7月6日。

李金铨：《在地经验，全球视野：国际传播研究的文化性》，《开放时代》2014年第2期。

李里峰：《"群众"的面孔——基于近代中国情境的概念史考察》，载《新史学（第七卷）：20世纪中国革命的再阐释》，中华书局2013年版。

李里峰：《马克思"阶级"概念的多重构造——一个问题式的反思》，《清华社会科学》2022年第1期。

李强：《斯金纳的"语境"》，《读书》2018年第10期。

李思纯：《论文化》，《学衡》1923年第22期。

李怡：《发现现代中国文学史料的意义与限度》，《现代中国文化与文学》2017年第1期。

林甘泉：《"封建"与"封建社会"的历史考察——评冯天瑜的〈"封建"考论〉》，《中国史研究》2008年第3期。

柳诒徵：《中国文化西被之商榷》，《学衡》1924年第27期。

罗宇维：《昆汀·斯金纳：把英雄和恶棍放一边，历史研究应该做什么？》，《东方历史评论》2017年5月11日。

马凌：《阐释与语境：弥尔顿影响》，《新闻大学》2007年第4期。

闵祥鹏：《人文语义学视角下的历史事实与文本真实》，《探索与争鸣》2023 年第 3 期。

聂长顺:《汉字新语研究的提升》,《武汉大学学报》(人文科学版) 2005 年第 6 期。

史敏:《在历史语境主义中开拓概念史的研究——读昆廷·斯金纳〈现代政治思想的基础〉》,《北京工业大学学报》(社会科学版) 2014 年第 1 期。

释太虚:《东洋文化与西洋文化》,《学衡》1924 年第 32 期。

孙江:《概念史研究的中国转向》,《学术月刊》2018 年第 10 期。

谭善明:《转义修辞:一种现代性修辞观念的兴起及它的理论意义》,《文艺理论研究》2009 年第 5 期。

王晴佳:《历史等于历史学:海登·怀特治史主旨简述》,《北方论丛》2020 年第 2 期。

王晴佳:《为什么论文写作会成为一个问题?》,《抗日战争研究》2020 年第 4 期。

吴宓:《论新文化运动》,《学衡》1922 年第 4 期。

吴宓:《沃姆中国教育谈》,《学衡》1923 年第 22 期。

徐海涛:《论历史叙事学中的语言学与美学转向——以海登·怀特的话语转义理论为例》,《文艺评论》2016 年第 5 期。

杨红玉:《论金岳霖〈逻辑〉中的"弗雷格-罗素论题"》,《哲学研究》2023 年第 4 期。

杨豫、李霞、舒小昀:《新文化史学的兴起——与剑桥大学彼得伯克教授座谈侧记》,《史学理论研究》2000 年第 1 期。

余来明:《"历史文化语义学"研究方法举隅——以"文学"概念为例》,《武汉大学学报》(人文科学版)2011年第6期。

张宝明:《"文白不争"引发的历史悲情——从文化社会学的视角看现代性的两副面孔》,《学术界》2005年第2期。

张宝明:《对峙的意义:"新青年派"与"学衡派"文化争论的世纪回眸》,《关东学刊》2010年第1期。

张宝明:《"冷门绝学":基于人文语义学视野的一点思考》,《光明日报》2023年4月24日。

张宝明:《人文语义学:一门关乎人类语际书写的知识体系》,《探索与争鸣》2023年第3期。

张宝明:《一声叹息:人文学科的底气何处寻?》,《读书》2023年第8期。

张宝明:《人文语义学的限度及其可能性》,《中华读书报》2024年1月31日。

张宝明:《语词观念、知识统绪与人文学术的问道意识——人文语义学建构》,《社会科学》2024年第4期。

张宝明、张剑、褚金勇:《学术对话:"语言是存在之家":重审文白不争的历史悲情》,《平顶山学院学报》2012年第3期。

张丽、张延宙:《从二元文化对立到多元文化并存——〈不不仔〉的新历史主义解读》,《北京工业大学学报》(社会科学版)2011年第2期。

张申府:《文明或文化》,《东方杂志》1926年第23卷第

24期。

张新刚、王涛:《剑桥学派与思想史研究——采访昆廷·斯金纳教授》,《史学理论研究》2018年第3期。

赵培玲:《史学、文学与修辞学理论:中外海登·怀特研究40年(1978—2018)回望》,《学术研究》2019年第4期。